AF250070

DE LA

PRESTATION

ÉTUDE SUR LA

THÉORIE DES

EN DROIT ROMAIN ET EN DROIT FRANÇAIS

PAR

M. P.-A.-F. MALLEPERT

Avocat, Docteur en Droit

PARIS

COTILLON, LIBRAIRE DU CONSEIL D'ÉTAT

23, au coin de la rue Soufflot

1861

NOUVEL ESSAI

SUR LA

PRESTATION DES FAUTES

IMPRIMÉ PAR CHARLES NOBLET,
18, RUE SOUFFLOT, 18.

DE LA

PRESTATION DES FAUTES

ÉTUDE SUR LA

THÉORIE DES FAUTES

EN DROIT ROMAIN ET EN DROIT FRANÇAIS

PAR

M. P.-A.-F. MALAPERT

Avocat, Docteur en droit

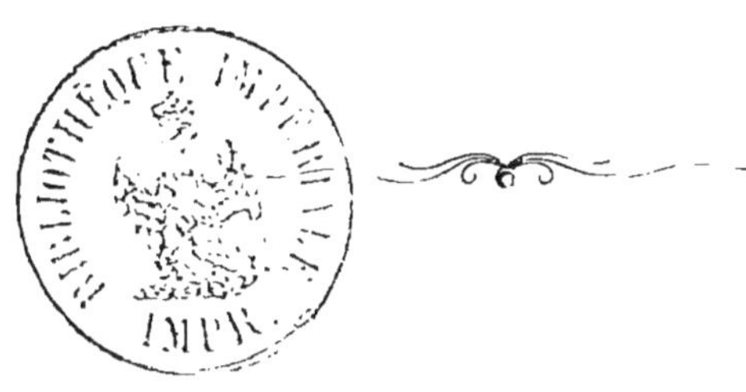

PARIS

COTILLON, LIBRAIRE DU CONSEIL D'ÉTAT
23, au coin de la rue Soufflot

1861

PRÉFACE

—

Le petit volume que nous offrons au public vient dans un temps où il n'est guère d'usage de parler de droit romain. Cependant il s'agit presqu'uniquement dans les pages qui suivront du droit romain et de ses interprètes. Il faut expliquer comment nous avons été amené à nous occuper d'un sujet aussi étranger, en apparence, aux constantes préoccupations du palais. Depuis longtemps la question des fautes en droit romain avait attiré notre attention. Nous avions été étonné de trouver chez les jurisconsultes modernes que la question avait été élucidée en France seulement depuis 1824. Nous avons eu occasion de nous occuper du *mandat* avec un de nos amis, et à ce propos, nous avons étudié de nouveau la prestation des fautes. Cette étude ayant pris de trop grandes proportions, nous avons cru pouvoir la publier séparément.

La division des fautes, *en tant que théorie*, est renfermée tout entière dans le paragraphe 2 de la loi 5 au Digeste *Commodati vel contra* et dans la loi 23 D. *De diversis regulis juris antiqui*. Ces deux lois se touchent en des points capitaux, qui sont les trois degrés de fautes; elles sont différentes quant à l'application.

Ainsi la loi 5 D. *Commodati* donne formellement le dol comme mesure de la responsabilité dans le dépôt, une faute moins grave dans la vente, le louage, la dot, le gage, la société. Une autre plus légère, d'après la même loi, engage la responsabilité de l'emprunteur dans commodat.

Les interprètes, ayant trouvé que la faute

très-légère engageait la responsabilité en matière de quasi-délit, ont pensé d'après la loi 5
§ 2 D. *Commodati* que la division des fautes
devait être :

Faute lourde, équivalente au dol, et contraire au sens commun ;

Faute légère, que la personne ne commet
pas dans ses affaires ;

Faute très-légère, que ne commettrait pas
un homme très-diligent.

La loi 23 *De R. J.* porte que la faute lourde,
c'est-à-dire la faute comparable au dol, est la
seule cause de responsabilité dont on soit tenu
pour le dépôt et le précaire. C'est déjà le précaire ajouté à la nomenclature de la loi 5 D.
Commodati. Ce n'est qu'une addition, par
conséquent il n'y a pas contrariété d'opinions.
Mais nous avons trouvé tout à l'heure cinq
espèces où l'on répondait de la faute légère, à
savoir : la vente, le louage, la dot, le gage et
la société. La loi 23 *De R. J.* n'en met que
deux : la société et la communauté. Malheureusement pour les conciliateurs de lois, il

n'y a pas une simple addition ou un simple retranchement dans cette énumération nouvelle. Et en effet la loi passe en revue huit autres contrats ou quasi-contrats, pour les-quels elle donne la responsabilité de la faute très-légère. En voici l'énumération : mandat, commodat, vente, gage, louage, dot, tutelle, gestion d'affaires.

Il est évident que toute tentative de conci-lation doit échouer : il y a contradiction fla-grante. Les interprètes n'ont pas cru à cette impossibilité. Premièrement, parce que des textes épars dans le *Corpus juris civilis* con-firmaient tantôt l'une, tantôt l'autre des deux opinions. Secondement, parce que les deux lois dont nous parlons ont été extraites des ouvrages d'Ulpien.

Ulpien, ou *Ulpianus*, s'il faut lui restituer son nom, fut certainement un grand juriscon-sulte. La haute position de ministre d'Etat, grand juge, vicaire de l'empereur, en un mot, qu'il occupa comme préfet du prétoire, prouve qu'il fut un homme éminent. On n'arrive pas

à de tels postes sans avoir une valeur person-
nelle incontestable. D'autre part, ses œuvres
nombreuses, son style à la fois brillant et
sobre, la sûreté de ses décisions, nous le mon-
trent comme un des premiers jurisconsultes
des beaux siècles de la jurisprudence romaine.
A tous égards Ulpien était digne d'être le col-
lègue de Papinien.

Mais ce n'est pas une raison pour tout accepter chez lui comme parole sacrée. Ulpien
a commencé à écrire avant de tout savoir : il
s'est instruit en marchant. La science du droit
se perfectionnait par ses travaux, et lui-même
perfectionnait ses théories à mesure qu'il élar-
gissait le cercle de ses études.

Sur l'édit du préteur, il a écrit le texte qui
est devenu la loi 5 D. *Commodati*. Cette loi
nous donne une bonne théorie générale. Il y
a trois espèces de contrats ou quasi-contrats.
S'il faut mesurer la responsabilité lorsque le
contrat a eu lieu dans l'intérêt seulement de
la personne à laquelle la chose doit être rendue, .ici le détenteur de la chose ne répond

1.

que de la faute lourde. Ulpien dans la loi 23 *De R. J.* applique ce principe au dépôt et au précaire.

La seconde faute est la faute légère, imputable dans la seconde catégorie des contrats ou quasi-contrats, où l'intérêt des deux parties se trouve en jeu. La loi 23 *De R. J.* ne met là que la société et la communauté. — Dans les contrats au contraire de la troisième catégorie, où l'intérêt seul du détenteur de la chose a été, *pour lui*, la cause du contrat, Ulpien met à sa charge la faute très-légère. C'est la vente, le louage, etc... Ici se rencontrent encore de grandes difficultés, car parmi ces contrats ou quasi-contrats nous trouvons le mandat, la tutelle, la curatelle, le gage, la gestion d'affaires, etc... Ces difficultés n'infirment pas, nous le démontrerons dans notre travail, les idées mères de notre auteur.

D'ailleurs la loi 23 *De R. J.* est tirée du livre 29 d'Ulpien sur Sabinus. Il est constant, comme le démontre Jacques Godefroy, que ce livre était consacré aux conséquences des

différents contrats; la question des fautes et
de la responsabilité y avait une large place,
ainsi qu'on peut le voir notamment par la loi
14 D. *De furtis*. De telle façon que l'auteur
semble, après y avoir mûrement réfléchi,
abandonner les idées premières qu'il avait
eues, pour d'autres qui n'embrassent plus
seulement certaines branches du droit, mais
qui, au contraire, paraissent avoir prévu tous
les cas, puisqu'après son énumération, il n'y
a plus place pour des contrats nommés ou des
quasi - contrats connus dans la langue juridique.

Il est vrai que jusqu'à présent les auteurs
n'ont pas admis que la vente, le louage, le
gage, etc., par lesquels la chose était laissée dans
les mains du détenteur, avaient eu lieu dans
son intérêt personnel. Non-seulement les interprètes ne l'ont pas compris ainsi ; mais la loi 5
D. *Commodati* avait dit positivement le contraire, en considérant que ces contrats avaient
lieu dans l'intérêt des deux parties. Nous aimons mieux l'explication de la loi 23 D. *De*

R. J. En effet, celui qui vend, par exemple, a eu pour but, en général, de recevoir le prix de la chose. S'il a traité, c'est pour lui. Et ainsi des autres contrats.

Nous expliquerons, au cours de notre travail, comment les huit espèces données par la loi 23 D. *De R. J.* rentrent dans cette donnée; et à l'égard de la tutelle, par exemple, nous rappellerons cet adage : *Ubi successionis emolumentum, ibi tutelæ onus.*

Cet exemple nous dispense d'entrer dans des développements prématurés. Nous allons donc maintenant faire connaître l'ordre de notre travail.

Tous les jurisconsultes ont traité la question des fautes, au moins en partie. Cujas, dans divers endroits de ses ouvrages, s'en est occupé. Gérard Noodt, dans ses *Probabilium juris civilis libri,* sa première publication, toujours revue par lui, et qu'il a imprimée une dernière fois dans ses œuvres complètes en 1724, en a dit quelque chose. Doneau avait cru devoir en parler à différentes reprises, et Jacques Godefroy a conduit la discussion aussi loin que peuvent aller le génie de l'investigation et un savoir sans limite.

Doneau avait établi qu'il n'y avait que deux espèces de fautes; sa doctrine fut, il faut bien le dire, abandonnée par tout le monde. Vinnius, lui-même, avait renoncé à l'enseigner, bien qu'il fût en réalité l'abréviateur de ce maître. Depuis longtemps la théorie des trois fautes avait donc été seule admise.

Les résultats de la science ont été contestés, même niés de nos jours ; et ce sur le fondement d'une dissertation faite en 1705 par Christian Thomasius, que Gérard Noodt n'a pas réfutée, quoique contraire à son opinion, évidemment parce qu'il ne l'a pas connue. Plus tard, M. Lebrun, avocat du barreau de Paris, en 1764, a repris cette idée de deux fautes. Pothier lui a répondu victorieusement. En 1824 M. Blondeau (sur la foi d'un jurisconsulte allemand, M. Hasse), et depuis lui la grande majorité des auteurs, ont rejeté l'opinion commune, fait l'éloge de Thomasius, dont le travail ne se trouve pas facilement à Paris, et ils ont remis à neuf l'idée des deux fautes.

Nous donnons plus loin les raisons apportées pour ce nouveau système. Notre Doneau n'avait pas pu le faire prévaloir. Nous établissons que Thomasius n'avait pas été plus heureux. Afin de ne pas être accusé de falsification, nous donnons un résumé, en tant que cela nous semble utile, de l'opinion des auteurs principaux; et nous suivons l'ordre chronologique. Il en est deux que nous n'avons pas abrégés, c'est Pasquier et Pothier. Nous espérons que l'on nous pardonnera l'exception que nous faisons en leur faveur.

Peut-être trouvera-t-on que cette dissertation ne devait pas être faite, car les rédacteurs du Code ont négligé de recourir aux divisions anciennes.

A ceci nous répondrions avec M. Troplong : « Il est vrai que, jusqu'à présent, les tribunaux se sont montrés assez indifférents sur ces disputes de la chaire; mais peut-être pourrait-on leur faire le reproche de n'avoir amorti la vivacité de la question qu'en étouffant tout ce qui est discussion de système et de point de droit, sous la commode interprétation des faits, et sous un équitable, mais facile arbitraire. » (*De la vente*, n° 361.)

D'ailleurs, dans tout ce que nous avons écrit jusqu'ici, nous avons cherché à établir la vérité comme nous la comprenions, sans penser à en recueillir des avantages particuliers. Cette étude est donc une simple observation, une simple recherche, d'où l'on pourra tirer telles conséquences que l'on avisera et que nous n'avons pas faite dans un but d'utilité immédiate.

Nous y avons été amené surtout par la hardiesse des affirmations de M. Blondeau et de M. Alban d'Hauthuille sur la portée des ouvrages de Thomasius et de M. Hasse, par leur admiration pour les travaux des Allemands modernes, leur négation de toutes les antériorités et leur mépris apparent pour les jurisconsultes français. Avant les articles de M. Blondeau et des autres, l'école française, encore en deuil de Pothier, avait eu les Merlin, les Tarrible, les Henrion de Pansey, les Grenier, les Malleville, les Pardessus, les Delvincourt, et saluait la venue des Toullier, des Proudhon, et de bien d'autres encore.

Un dédain affecté s'attacha aux œuvres de nos compatriotes, qui ne pouvaient encore répondre par le nom de M. Troplong, devant lequel tout éclat a pâli, et on ne jura plus que par le germanisme. On eût dit que les Français, fatigués de la clarté de leur langage, voulaient à toute force le rendre inintelligible. Ils niaient avec ardeur l'importance de nos grands écrivains, rejetant avec dédain Voltaire, Condillac, Diderot, Montesquieu, comme Descartes et Malebranche, aussi bien que Bossuet ; ils s'en allaient trouver les anciens systèmes français en Allemagne, pour nous donner comme neuves les idées de madame Guyon ou celles de Lamettrie, parce qu'elles étaient étranges.

Disons-le sans détour, cette préférence nous a toujours froissé. Les jurisconsultes et les savants n'ont jamais manqué à la France. Au temps dont nous parlons, les cendres de Bouchaud étaient-elles refroidies, et n'y avait-il plus de Bénédictins !

La science n'a pas de patrie. Balde, Bartole, Accurse, Grœvius, Gronovius, Cujas, Secousse, Laurière, Du Cange, Gérard Noodt, les Godefroy, Juste-Lipse, Saumaise, Turnèbe, Dupuy, Sigonius, et tous les vrais savants, sont de tous les pays.

Nous ne savons pas pourquoi Christian *Thomasius* l'emporta sur notre Doneau, ni M. Hasse sur M. Lebrun. Sans doute c'est par la raison qui fit alors préférer Haubold vivant à Heineccius enterré, bien qu'ils fussent compatriotes ; c'est-à-dire une raison d'amitié particulière pour M. Haubold et pour M. Hasse.

La science ne se paie pas de pareille monaie.

Puis on nous disait que le livre de M. Hasse était classique hors de France. L'ouvrage de Mülhenbruch, intitulé *Doctrina Pandectarum*, peut étayer ce système, mais les *Institutiones juris romani privati* ne lui sont pas favorables, quoique M. Warnkœnig, qui les a publiées en 1825, fût aimé des rédacteurs de la *Thémis*.

Nous ne répudions donc pas la théorie des deux fautes parce qu'elle est allemande, ou nouvelle; nous la repoussons comme contraire aux textes. Nos lecteurs, en parcourant notre travail, se convaincront que nos adversaires ont suivi la route qu'ouvrait leur fantaisie, et que nous sommes resté fidèle à la loi, qu'il fallait expliquer. Où le législateur a parlé, le théoricien a deux choses à faire : l'une est de dire la loi ; l'autre, d'expliquer, approuver ou combattre. Mais se jeter dans les hasards des discussions purement spéculatives, quand il s'agit d'apprécier la portée d'un texte, nous a toujours paru un hors-d'œuvre, et nous dirons avec Horace : *Non erat hic locus.*

Nous n'avons donc pas été seulement poussé par une idée de justice pour nos devanciers, bien que souvent notre cœur ait souffert en lisant Hugo où il fallait dire Gibbon ; Savigny où la vérité donnait J. Godefroy, Canciani,

Du Cange ou Du Bos; Nieburh où nous trouvions Beaufort.

Nous avons essayé de rendre à chacun sa
part; nous avons dit la vérité selon notre conscience, nous sommes tout prêt à corriger nos
erreurs. Cette étude est une abstraction, et ce
n'est pas notre faute s'il a fallu y mettre des
dates et des noms propres.

Nous n'en payons pas moins un juste tri-
but d'éloges à ces hommes de la *Thémis*.
Ils ont, dans un temps où l'on n'y pensait
guère, excité les jurisconsultes à étudier
l'histoire du droit, souvent fait de bonnes dis-
sertations, plus souvent donné d'excellents
conseils. Ce sont là des titres à la reconnaissance de nos contemporains, et nous nous
plaisons à le proclamer, en même temps que
nous résistons à ce qui ne nous paraît pas
acceptable.

DE

LA RESPONSABILITÉ DES FAUTES

OU

DE LA PRESTATION DES FAUTES

———

POSITION DE LA QUESTION.

En morale comme en droit chacun doit répondre de sa faute. La loi moderne a nettement dégagé ce principe, et l'a inscrit dans l'art. 1382 du Code Napoléon en ces termes. « Tout fait « quelconque de l'homme qui cause « un préjudice à autrui, oblige celui « par la faute duquel le préjudice est « arrivé à le réparer. » Cet article se trouve placé au titre des engagements

2,

qui se forment sans convention, et au chapitre des délits et quasi-délits. C'est une disposition, sinon exceptionnelle, du moins spécialisée et qu'il ne faudrait pas prendre pour l'appliquer à la lettre aux conventions et aux actes qui ne sont ni délits, ni quasi-délits.

Cela tient à la nature des choses; où il y a délit et quasi-délit, le consentement de la partie lésée manque tout à fait. Surprise par un acte imprévu, elle n'a pu s'en garer : l'auteur du dommage est donc avec raison tenu d'en supporter les conséquences.

Lorsqu'il s'agit de contrats ou de quasi-contrats, il faut se placer à un autre point de vue. Alors la garde des choses, matière du contrat, a été laissée d'un commun accord à l'un des contractants. La capacité de celui-ci a été appréciée de l'autre partie; puis, il est

des circonstances où l'intérêt mutuel
sera tellement engagé qu'elles ne per-
mettront pas de supposer une intention
frauduleuse dans la faute commise. Il
pourra donc arriver que le dommage
ne soit pas réparé d'une manière complète, parce que la partie lésée pourra
avoir elle-même à se reprocher quelque chose, ne fût-ce peut-être que le
choix du gardien de ce qui devait lui
être rendu .

On a donc toujours distingué, en
droit romain comme en droit français,
entre la faute qui naît d'un délit et la
faute commise dans un contrat ou
un quasi-contrat.

Disons à présent que, pour la matière des contrats, la responsabilité encourue par une faute est réglée en termes généraux par l'art. 1137 du Code
Napoléon. Le législateur exige du gar-

dien de la chose les soins d'un bon père de famille. Il y a donc tout un monde entre cette définition et celle qui a été donnée par l'article 1382.

En ce qui touche les délits et quasi-délits, tout le monde a été d'accord pour faire peser sur le coupable la responsabilité tout entière de la plus légère faute. Mais, nous l'avons dit dans ce qui précède, au regard des contrats, il n'y a pas eu la même unanimité. Udalric Zasius ayant remarqué que Bartole avait compté cinq espèces de fautes sur la loi 32 D. du titre *Depositi*, trouva bon de réduire la faute à l'unité, divisée en deux branches, l'une *culpa latior ignaviæ*, l'autre *culpa latior versutiæ*, faute lourde par faiblesse d'esprit, faute lourde par fourberie. On lui répondit en se moquant de lui (*irridens illum*) qu'on n'avait pas découvert dans les textes la faute lourde par fourberie. Et, en effet, il importe de distinguer la faute du dol; celui-ci est toujours plus qu'une faute, on le reconnaît à cette marque qu'il a été commis avec intention de nuire. Mynsinger seul osa soutenir la thèse de la faute unique.

Les réfutateurs de Zasius ne voulurent pas reconnaître les cinq fautes créées par Bartole, mais ils arrivèrent, et parmi eux *Corrasius*, à établir qu'il y avait deux fautes seulement, la faute lourde et la faute légère. Plus tard, Doneau suivit ce système. Nous exposerons sa théorie tout à l'heure, mais Cujas, Dufaur de St-Jorry, Etienne Pasquier, Jacques Godefroy, se conformant à un résumé de Bartole sur la loi 5 § 2 D. *Commodati*, établirent qu'il fallait diviser les fautes en trois. Telle fut la doctrine de Vinnius, l'un des principaux disciples de Doneau. Il paraît que Christian Thomasius enseigna en 1705, à Halle, la théorie des deux fautes. Heineccius, de la même université, continua à suivre les errements de Cujas et de Jacques Godefroy. Gérard Noodt s'y était conformé, et, dans les éditions de ses œuvres, postérieures à Thomasius, cet auteur, ennemi de tous ceux qui le contredisaient, ne pensa pas même à nommer ce dernier, ce qui prouve qu'il ne le connaissait pas.

Aussi lorsque Pothier écrivit son *Traité des obligations* ou rédigea ses *Pandectes*, il se conforma aux idées généralement reçues. En 1764, M. Lebrun (1), qu'il ne faut pas confondre

______

(1) Nous disons monsieur, suivant l'ancien usage de notre Ordre, en parlant d'un avocat

avec le savant jurisconsulte auteur du *Traité de la communauté*, critiqua la théorie des trois fautes. Pothier lui répondit à la suite de son *Contrat de mariage* et maintint son opinion.

La question en était là lorsque le Code Napoléon fut rédigé. Guyot, en son Répertoire, avait admis la division tripartite. Merlin, en 1812, publia sa

---

ou à un avocat. Autrefois, le premier président seul était désigné par le titre de *Monseigneur*, les autres présidents par le titre de *Monsieur;* les membres d'une chambre pris en corps s'appelaient *Messieurs*, — mais individuellement, chacun était qualifié de *Maître*. Le mot *Maître* était un titre qu'on donnait aux magistrats et autres gens de robe, et l'on disait en termes de Palais, des conseillers, des avocats, des greffiers, *Maître tel (Anc. Diction. de l'Académie).* L'usage actuel ne le permet plus à l'égard des magistrats, et le restreint dans l'enceinte du Palais à l'égard des autres.

(*Note de* M. Coin-Delisle.

quatrième édition, dans laquelle il in-
séra, au mot *faute*, partie de la dissertation de M. Lebrun et partie de la réponse de Pothier.

En 1813, M. Loiseau, auteur du
Traité des enfants naturels, publia de
nouveau la dissertation de M. Lebrun.

En 1815, M. Hasse, professeur à
Kœnigsberg, entreprit de réhabiliter la
doctrine des deux fautes. Quelque
temps après, Toullier publia le sixième
volume de son ouvrage, et y tint pour
les deux fautes.

En 1824, M. Blondeau publia une
dissertation dans le journal *la Thémis*,
et, y exposant le système de M. Lebrun,
il inclina visiblement pour la doctrine
des deux fautes. Proudhon, dans son
Traité des droits d'usufruit, est revenu
à la division tripartite.

Depuis cette époque, tous les jurisconsultes, ou à peu près, enseignent qu'il n'y avait que deux fautes en droit romain, lesquelles subsisteraient en droit français. Notons en passant que M. le président Massé a suivi pour le droit romain la doctrine des trois fautes ; mais son opinion, trop peu développée, parce qu'elle ne pouvait l'être où elle est placée, se trouve dans son remarquable traité de Droit commercial, auquel les théoriciens ne semblent pas avoir recouru jusqu'ici pour ce qui nous occupe (M. Massé, *Le droit commercial dans ses rapports avec le droit des gens et le droit civil*, t. 4, 1re édit. 1845, n° 182). Nous allons donc reprendre l'étude des anciens auteurs, et, avec eux, nous verrons quelle était la doctrine du droit romain, puis nous ajouterons dans une seconde partie comment nous entendons le droit français.

PREMIÈRE PARTIE

—

DROIT ROMAIN.

Les jurisconsultes romains ont presque tous traité de la responsabilité des fautes. En étudiant les textes du Digeste, du Code et des Institutes, il semble bien qu'ils ont laissé une division tripartite.

Nous renverrons de suite le lecteur à la loi 23 au Digeste *De regulis juris,* sur laquelle nous aurons à examiner l'opinion des plus célèbres jurisconsultes. Nous pouvons citer encore la loi 5 § 2 au Digeste, liv. 13, tit. 6, où Ulpien, parlant du commodat ou prêt à usage, s'est exprimé en ces termes :

« *Nunc videndum est, quid veniat in commodati actionem : utrum dolus, an et culpa? An vero et omne periculum? Et quidem in contractibus interdum dolum solum, interdum et culpam præstamus : dolum, in deposito. Nam, quia nulla utilitatis ejus versatur, apud quem deponitur, merito dolus præstatur solus : nisi forte et merces accessit; tunc enim (ut est et constitutum) etiam culpa exhibetur : aut si hoc ab initio convenit, ut et culpam et periculum præstet is, penes quem deponitur. Sed ubi utriusque utilitas vertitur, ut in empto, ut in locato, ut in dote, ut in pignore, ut in societate : et dolus, et culpa præstatur. Commodatum autem plerumque solam utilitatem continet ejus, cui commodatur. Et ideo verior est Quinti (Mucii) sententia, existimantis, et culpam præstandam, et diligentiam. »*

J'avoue que je trouve dans cette loi une gradation de trois temps et qu'il m'est impossible de les réduire à deux. Si nous recourons aux interprétations des jurisconsultes de Constantinople, nous ne nous attacherons pas à Théophile, dont l'opinion est contestée; mais les Basiliques ont adopté tout à fait la loi 5 § 2 que nous venons de transcrire; le scholiaste a donné notre explication; et le scholiaste d'Harménopule (lib. 6, tit. 2) reconnaît aussi formellement les trois fautes.

Le grand Barthole, dans une de ses synthèses lumineuses, a résumé ainsi les principes de la matière :

« *In contractibus, qui celebrantur gratia dantis tantum, venit dolus et lata culpa. In his, qui gratia accipientis tantum, venit levis et levissima. In his qui gratia utriusque, venit lata et levis.* »

D'où il résulte que si vous avez la

garde d'une chose dans mon intérêt seul, vous serez responsable du dol et de la faute lourde, sans plus. Si le contrat est dans notre intérêt commun, vous serez responsable de la faute lourde et de la faute légère; mais si, comme dans le commodat, la garde de la chose ne vous est remise que dans votre intérêt, vous serez responsable de toute faute, même de la très-légère.

Ce système est peut-être difficile à concilier avec tous les textes sur la matière, même avec les hypothèses possibles; cependant il est clair et facile à comprendre; partant, je le préfère à un autre moins simple.

S'il fallait tout étudier, pour réfuter toutes les erreurs au profit de la vérité, il serait utile d'expliquer ici la division en cinq fautes que nous trouvons dans

Barthole, sur la loi 32 D. *Depositi*, appelée des premiers mots de son texte loi *Quod Nerva*. Nous aurions aussi à parler du système de Zasius, qui ne voulait qu'une faute, la faute lourde, qu'il divisait en deux, comme nous l'avons dit précédemment: la faute lourde par faiblesse, la faute lourde par ruse, *culpa ignaviæ, culpa versutiæ*. Ces deux systèmes ont été unanimement condamnés, par conséquent il est inutile de perdre le temps à les combattre.

Il en est autrement de la théorie, qui a essayé de réduire les fautes à deux : la faute lourde et la faute légère. Cette division éveillera tout notre soin, parce qu'après Corrasius elle a été acceptée par KAHL dans son excellent *Glossarium juridicum*, et surtout parce qu'elle a été enseignée par Doneau et parce qu'elle est aujourd'hui triomphante.

Certains ont choisi cette division : la faute *in abstracto* et la faute *in concreto*.

Je prouverai plus tard que le plus hardi champion de la théorie des deux fautes en a fait quatre certainement, mais trois plus certainement encore. Il me suffit maintenant d'établir que sa division en faute lourde et faute légère paraît facile à comprendre; mais nous verrons plus tard que c'est une simple apparence.

Quant à la division en faute abstraite ou faute concrète, on appelle faute *in concreto* celle qu'un homme ne commettrait pas dans ses affaires. Pour estimer si cette faute existe, on cherche comment la personne se comporte. Si elle est plus diligente à défendre ses biens qu'elle ne l'a été dans la garde des choses qui ont souffert par sa faute, elle est responsable ! ! !

La faute *in abstracto* est celle que ne commet pas un bon père de famille ordinaire.

Cependant Pierre Dufaur de St-Jorry, Cujas, Brisson, Hothman, Jacques Godefroy, n'ont pas voulu suivre les divisions bipartites, pas plus que notre savant Pothier.

Peut-être faudrait-il commencer par Corrasius, mais nous avouons n'avoir pas trouvé ses œuvres pas plus que celles du Thomasius tant vanté. Si même la bibliothèque de M. Dupin donne le nom et le titre des œuvres de celui-ci, nous n'avons trouvé que dans le Glossaire de Kahl la mention et l'analyse du système de Corrasius. Mais ce système a été repris et approfondi par l'auteur des *Commentaria juris civilis* avec un soin qui nous dispense de remonter à la source.

Doneau, dans ses *Commentaires du Droit civil*, a donc traité de la faute *ex professo*. Il y a consacré un de ses plus longs chapitres; c'est le septième du livre 16. Il avait déjà effleuré la matière au chap. 11 du liv. 13, et il y est revenu dans son commentaire du Code, sur le titre *Depositi*.

Nous allons essayer *de résumer* le chap. 7 du liv. 16, chef-d'œuvre de critique élégante, dont le style, à la fois clair et ferme, couvre un raisonnement dont on peut repousser la conclusion, mais dont on aime à suivre toutes les phases, quoiqu'il soit trop subtil.

OPINION DE DONEAU.

§ 1. L'auteur traite de la faute après le dol et le cas fortuit, parce que la faute n'existe que là où il se rencontre un manquement que l'on ne peut appeler dol ou cas fortuit. Le dol doit toujours donner lieu à une responsabilité, qui n'est jamais encourue au contraire pour le cas fortuit.

Il est facile de se rendre compte des cas où l'une de ces deux hypothèses se rencontre. Il n'est pas aussi facile de trouver quand il y a *faute* engageant la responsabilité, car il y en a de plusieurs espèces. Il faut donc voir ce que c'est qu'une faute, combien il y en a, et ensuite quelle espèce donne lieu à responsabilité dans chaque variété de contrat.

§ 2. Une faute est tout fait non prémédité, qui nuit à autrui sans droit. *Culpa est omne factum inconsultum, quo nocetur alii injuria.* Tout fait de commission ou d'omission. Dans ces derniers se trouvent l'indolence et la négligence : *desidia et negligentia.* C'est un fait non prémédité ; s'il était arrêté dans l'esprit de son auteur avec ses conséquences, ce serait un dol. D'un autre côté, s'il arrivait par hasard, ce serait un cas fortuit, qui est ce qui ne peut être prévu, et n'admet ni dessein ni prévoyance.

La faute dont on répond est celle qui nuit à autrui, *quo nocetur alii;* s'il n'y a pas de dommage, il n'y a pas à savoir si réparation est due. Enfin la faute doit avoir causé *sans droit* un préjudice. L'homme qui use de son droit n'est pas en faute, son fait est impuni. Je vous ai donné des vêtements pour vous en servir, vous les usez en les portant, vous n'êtes pas responsable de leur usure.

§ 3. La faute peut être lourde ou légère. Tels sont les seuls genres connus des anciens et distincts du dol.

§§ 4 et 5. La faute lourde est la même que la grande faute. Car si nous trouvons que la lourde ou plus lourde faute est un dol, par cela même on désigne la grande faute. La faute lourde s'appelle *lata culpa*. Les mots *lata et magna* signifiaient la même chose chez les Latins. De *latus, lata, latum*, on a composé le mot *latifundia,* grandes et vastes campagnes. La partie est prise pour le tout, *latitudo* est une part de la grandeur. *Sic tamen pars ut non possit latitudo nisi rei magnæ intelligi.* La faute lourde *lata vel magna* est très-voisine du dol et, si les anciens auteurs, notamment Ulpien, ont dit que la faute lourde était comparée au dol, ils ont dit ailleurs qu'elle était prise pour le dol, qu'elle représentait le dol, qu'elle était contenue dans le mot dol, enfin qu'elle était presque un dol.

S'il fallait définir cette faute, nous dirions que c'est un fait non prémédité, mais un fait voisin du dol par lequel on porte sans droit préjudice à autrui.

§ 6. On a voulu distinguer la faute lourde de la plus lourde (ici nous devons copier, les chefs-d'œuvre ne s'analysent ni ne se traduisent) : «*Errat, si quis latiorem culpam quæ illic nominatur* (Celsus, l. 32 D. *Depositi*), *aliam esse putat, quam latam, ut illic fecit* BARTOLUS. *Sunt hæc pro eodem usurpata a veteribus, ut definitiones eorum de hoc genere declarant. Nam quod de latiore culpa dicitur hanc dolum esse, hoc idem dicitur de magna culpa. Et quid est magna, nisi lata? Nam utrumque est positivi gradûs. Est igitur latior idem, quod lata. Jam illud, non adhibere alie-*

nis rebus eamdem diligentiam, quam adhibemus nostris, quod latioris culpæ esse dicitur, dicitur non obscure Ulpiano lata culpa (Ulpianus, l. 22 § 3 D. *Ad S. C. T. Trebell.*). *Qui quum latam culpam distinguit a levi, et consueta in suis rebus negligentia, satis ostendit, peccare non consueta in suis rebus negligentia, latam culpam esse. At hoc ipsum peccare non consueta in rebus suis negligentia, nihil aliud est, quam non præstare eamdem diligentiam alienis rebus, quam nostris. Quare ut hoc idem est latioris culpæ, ita et latæ; ac proinde latior et lata idem. Motus est* BARTOLUS *vi comparativi* LATIOR, *quia didicerat a grammaticis comparativum augere vim positivi, ac plus ponere quam sit in positivo. Regulariter hoc ita fit; sed non est perpetuum. In quo fefellit eum hujus latini sermonis, quo frequentissime comparativus poni-*

tur non solum propositivo, sed etiam mi-nuendi positivi causa. Cujus modi est illud apud VIRGILIUM :

« Tristior et lacrymis oculos suffusa nitentes. »

« *Ubi tristior non significat tristiorem, quam qui tristis est, sed tristiorem soli-to, seu subtristem; quod minus est, quam si tristem dixisset. Usus generis et illa :* ATTENTIOR EST AD REM, EST IRACUNDIOR *paulo, vinum est* AUSTERIUS. »

Doneau continue son explication : La force majeure est la même chose que la grande force. Il termine en disant que la plus grande faute, la même que la faute plus grande, se trouve lorsque le coupable n'a pas apporté à l'affaire le même soin qu'il apporte aux siennes, ou lorsqu'il n'a pas apporté à l'affaire la diligence qu'il a coutume d'avoir pour les siennes.

§ 7. Une autre marque qu'il y a grande faute, marque que l'on retrouve dans la loi 223 D. *De verborum signif.*, est que le fait reproché montre que le débiteur n'a pas compris ce que tous les hommes comprennent. Car s'il a compris le péril avec tout le monde, celui qui a commis la faute a presque commis un dol; s'il l'a ignoré, c'est une grande faute pour lui que de ne pas avoir voulu savoir ou de feindre ignorer ce que tous les hommes comprennent.

§ 8. Ici sont des exemples de la faute lourde : si quelqu'un se laisse tomber d'un lieu élevé sur une autre personne et la tue; si l'émondeur d'un arbre laisse tomber une branche sur un passant sans crier gare. Tout le monde doit savoir qu'en agissant ainsi dans un lieu *qui sert habituellement* de passage, on s'expose à blesser quelqu'un.

Il y a faute lourde encore si quelqu'un a usé de telle cruauté envers des esclaves qu'il doit rendre, que ces malheureux aient dû en mourir ou en devenir infirmes.

§ 9. La faute lourde n'est pas un dol : dans des textes divers en effet, elle est distinguée du dol non moins que la faute légère (Dioclet. et Maxim., l. 7 C. *Arbitrium tutelæ;* Dioclet. et Maxim., l. 20 C. *De negotiis gestis;* Alexander, l. 1 C. *Depositi*). On a dit qu'elle était comparée au dol, qu'elle le représentait (Ulpianus, l. 1 § 1 D. *Si mensor falsum modum*). Donc elle n'est pas la même chose. Il y a dans le dol l'intention de nuire qui ne se trouve pas dans la faute lourde.

§ 10. La faute lourde ne comprend qu'un genre : il vient d'être démontré que la *culpa latior* est la même chose que la *culpa lata*. Il en est de même de la *culpa latissima*, bien que quelques auteurs la distinguent. « *Ea enim demum latissima est qua nulla est latior. At nulla culpa latior est ea, quæ dolo est proxima. Ea autem est lata.* »

§ 11. La faute légère est le fait par lequel on porte sans droit préjudice à autrui par imprudence. C'est l'imprudence qui la caractérise. Dans le dol il y a l'intention de nuire; dans la faute lourde, la connaissance du danger que l'on faisait courir à autrui, ou du moins la présomption que l'on a compris ce péril parce que *tout le monde l'aurait compris*. La faute légère se distingue du cas fortuit, en ce que dans celui-ci le péril ne peut être prévu par la prudence humaine.

§ 12. Il faut remarquer que les an-

ciens auteurs disaient d'une façon absolue *culpa* pour signifier *culpa levis.*
La faute lourde en effet était assimilée
au dol, et comme il n'y a que deux espèces de faute, la faute qu'ils ne com-
prenaient point dans le dol était nécessairement la faute légère.

§ 13. Il y a deux espèces de fautes
légères. La première prend naissance
dans un fait, la seconde dans une omission. Il y a faute légère dans le premier
sens de la part du tuteur, qui, pour aug-
menter la valeur des immeubles du
mineur, y fait des constructions qui
diminuent cette valeur, mais qu'il eût
faites dans ses propres immeubles. Il y
a faute dans le second sens s'il a laissé,
par non-usage, se prescrire une servi-
tude ou se corrompre les conduits d'un
aqueduc, s'il n'entretient pas bien les
couvertures, s'il n'a pas soigné des

bestiaux. Cette distinction, entre le
fait et l'omission, pourrait être signa-
lée à l'occasion de la faute lourde,
comme elle l'est ici pour la faute légère; mais elle y eût été inutile. La
faute lourde engage toujours la responsabilité. Il n'en est pas de même lorsqu'il s'agit de fautes légères. Il y a en
effet des contrats où l'on doit compte
seulement de la faute légère commise
en faisant, et non point de celle qui
provient d'une négligence, d'une omission de faire; dans certains autres contrats on est responsable de l'une et de
l'autre.

§ 14. Les anciens auteurs, lorsqu'ils
veulent exprimer que dans un contrat
on est responsable des deux espèces de
fautes légères, disent : « *Venire culpam,
venire et diligentiam seu custodiam,* »
ou bien : « *quosdam contractus culpam*

recipere, quosdam et negligentiam, » ou bien encore : « *etiam culpam præstandam esse et diligentiam,* » et quelquefois ils ajoutent : « *diligentiam quantam in suis rebus.* » (Ulpianus, l. 1 pr. D. *De tut. et rat. distr.*)

§ 15. Il faut arrêter les distinctions à ce qui a été dit précédemment. On a pourtant voulu, en s'appuyant sur des textes (loi 44 D. *Ad leg. Aquil.* — Loi 7 C. *Arbitrium tutelæ,* et autres), établir une différence entre la faute légère, la faute plus légère et la faute très-légère. Comme on s'accordait à qualifier de faute légère celle qu'un père de famille soigneux ne commettait pas dans la gestion de ses biens, on dit que la faute plus légère était celle que ne commettrait pas le père de famille plus soigneux, et la faute très-légère celle que ne commettrait pas un père de famille très-soigneux. Ces distinctions n'existent ni dans le droit ni dans la pratique; dans le droit et dans la pratique, un père de famille diligent et un père de famille très-diligent ne font qu'un.

§§ 16, 17. Les textes sur la faute légère et très-légère se rapportent d'ailleurs, en général, aux mêmes fautes, comme ceux où il est question de pères de famille diligents, plus diligents ou très-diligents, tout cela est identique. Il en est ainsi de la diligence exacte, plus exacte ou très-exacte. Enfin il n'y a que deux fautes : la faute lourde et la faute légère.

§ 18. Sous réserve de la faute légère par omission qui est la faute très-légère.

§ 19. Voyons donc dans les contrats quelles sont les fautes qui font encourir une responsabilité et celles qui,

étant prouvées, ne sont pas suscepti-
bles d'engendrer une action contre celui
qui les a commises. La faute lourde
dont il convient de s'occuper d'abord
est imputable dans tous les contrats.
Elle est comparée au dol, or le dol rend
toujours responsable : donc la faute
lourde; etc.

§ 20. Ainsi toutes les fois que le dol
seul rend responsable, cela doit s'entendre aussi de la faute lourde.

§ 21. Passant à la faute légère, nous
dirons qu'on n'en répond pas dans tous
les contrats. D'ailleurs certains rendent responsables de la faute légère
in committendo, mais non de la même
faute *in omittendo*.

§ 22. Les contrats qui rendent responsable de la faute lourde seulement,
sont ceux pour lesquels les textes ne
donnent que l'action de dol. On cite

le dépôt, et encore le commodat par lequel un individu a prêté à son parent pauvre un habit dont celui-ci devait se faire une parure pour une fête donnée par le prêteur (1. 5 § 10 D. *Commodati*); ou, en généralisant, le commodat fait dans l'intérêt du prêteur.

§ 23. Mais il n'est pas de l'essence de ces contrats que la faute lourde leur soit seule applicable. On peut convenir du contraire et de très-justes causes peuvent faire décider que, bien que le débiteur ait fait un contrat gratuit de sa part, il soit responsable de la faute légère. Il y a cinq contrats gratuits : auxquels cette observation peut se rapporter : le dépôt quelquefois, la gestion d'affaires, le mandat, la tutelle, la curatelle.

§ 24. Ainsi le dépositaire sera tenu

de la faute légère si cela a été convenu, ou s'il s'est offert au *dépôt* quand un autre l'acceptait, ou dans des cas analogues (Ulpianus, l. 1 § 35 D. *Depositi*). Dans la gestion d'affaires, le *negotiorum gestor* est tenu de la faute légère, parce qu'il a pris spontanément la gestion de l'affaire d'autrui (Pomponius, l. 36 D. *De J. R.*). Quant au *mandat*, la raison pour y faire entrer la responsabilité de la faute légère est difficile à comprendre. S'il s'agit de la *tutelle*, la faveur du pupille fait que le tuteur répond de la faute légère (Dioclet. et Maxim., l. 7 Cod. *Arbitrium tutel.*). Enfin la même raison s'applique à la *curatelle*.

§25. Ceci dit, et ces contrats exceptés, il faut rester dans la règle commune et dire que la faute lourde est seule applicable aux contrats faits dans le seul intérêt du créancier, si aucune raison ne le charge de la faute légère.

Il suit de là que si le dépositaire ne s'est pas offert au dépôt, si le commodat est fait dans l'intérêt du prêteur, et dans le contrat avec le géomètre, ou dans le constitut de précaire, le dol et la faute lourde sont les seuls faits dont on doive répondre. Les lois romaines mettent à la charge du débiteur le dol sans parler de la faute. Le dol ici doit être entendu de la faute lourde.

§ 26. Tous les autres contrats rendent le débiteur responsable du dol et de la faute. Par ce dernier mot, il faut entendre la faute légère. Ainsi d'après les textes, il y a trois sortes de responsabilité. Du dol, de la faute lourde et de la faute légère naît la responsabilité du dépositaire qui s'est offert pour recevoir le dépôt ; c'est encore la responsabilité du *negotiorum gestor*, et celle dont on répond pour le mandat, la tutelle, la curatelle ; dans la seconde classe est le commodat (non le précaire) où le débiteur répond de sa faute; dans la troisième sont tous les contrats dans lesquels on répond de son dol et de sa faute, excepté le contrat fait avec un géomètre, *agrimensor*.

§ 27. De ce que certains reçoivent le dol et la faute légère, il ne faut pas conclure que tous rendent responsable de la même faute légère, et qu'ils en rendent responsable de la même façon. Il ne faut pas oublier qu'il y a deux fautes légères, l'une en commission, l'autre en omission. Certains contrats rendent responsable de ces deux variétés de faute, d'autres au contraire restreignent à l'une d'elles la responsabilité. Il faut savoir faire cette distinction.

§ 28. La société rend responsable de toute faute légère *in committendo*. Il en est de même, pour la dot, des fautes du mari, de celles du tuteur pour les biens du pupille, de celles du communiste pour les biens de la communauté. Dans ces divers cas, le débiteur répond de sa négligence, lorsqu'elle est une faute lourde.

§ 29. On peut faire beaucoup d'objections et de distinctions, mais on les tranche facilement par ce qui précède. Il ne faut donc pas exiger de l'associé, du mari, du tuteur, du communiste, plus de soin pour les choses qui leur sont confiées qu'ils n'en ont pour les leurs. Par conséquent, on ne tiendra pas trop de compte de ces idées que le contrat a été fait dans l'intérêt de l'une, ou dans l'intérêt des deux parties. Car dans la dernière catégorie nous plaçons la société, la dot et la communauté.

§ 30. Ces trois derniers contrats sont d'une nature particulière et c'est pour cela qu'on y requiert l'attention, la diligence que le père de famille a pour ses affaires propres.

§ 31. Mais, dit-on, c'est restreindre la responsabilité à la faute lourde, puisque, dans le dépôt, on ne requiert que la responsabilité du dol, et qu'on exige du dépositaire pour la chose déposée le soin qu'il a pour les siennes propres. Il faut répondre que pour le dépôt le sens de ces expressions est modifié, puisque ce contrat ne rend responsable que du dol et de la faute lourde, soit en faisant, soit en négligeant ; tandis que dans les

autres contrats dont on vient de s'occuper, on trouve de plus la faute légère
in committendo.

§ 32. Il faut dire pourquoi la faute
légère *in committendo* engage la responsabilité, ce que ne fait pas la faute légère
in omittendo. C'est que l'on est toujours maître d'agir. Pour faire, il faut
en quelque façon délibérer avec soi-
même et prévoir les conséquences. Mais
si celui qui pèche *in omittendo,* a
pour ses propres affaires une négligence pareille, il y a mille causes pour
ne pas lui imputer la faute et pour l'en
décharger. C'est pour cela que l'on impute la faute légère quand son auteur
a su que sa négligence ou son impéritie était dangereuse (Gaius, l. 42
in f. D. *De R. J.*); et que la loi *Aquilia,* qui punit la faute très-légère, n'at-
teint pas celui qui a laissé périr la

chose d'autrui (Ulpianus, l. 13 § 2 *in fine* D. *De usufructu*).

§ 33. Les contrats de société, de communauté et de dot, la tutelle et la curatelle précités et sur lesquels des explications ont été données, exceptés, il faut dire que la responsabilité est engagée dans les autres par l'une et l'autre des fautes légères, c'est-à-dire faute par commission ou faute par omission. C'est pourquoi l'on dit, à leur égard, que le débiteur doit y répondre de sa faute, mais encore y apporter sa diligence et ses soins: *diligentia, custodia* (Ulpianus, l. 13 § 1 D. *De pign. act.*; l. 47 § 5 D. *De leg.* 1.; Gaius, l. 2, Paulus, 3, D. *De peric. et comm. rei vendit.*).

§ 34. Et pour rendre les textes conformes à cette opinion, il faut corriger la loi 23 ff. *De R. J.*, où on lit après l'énumération des contrats où l'on répond de son dol et de sa faute même légère, *in his quidam et diligentiam* et non pas *in his quidem et diligentiam*, comme le portent les Florentines, ou bien *in his quidem et diligentia*, comme on le lit dans le texte vulgaire (1).

§ 35. Etant établi que cinq contrats seulement ne donnent pas lieu à la responsabilité pour la faute légère *in omittendo*, c'est à savoir: la société, la dot, la tutelle, la curatelle, la communauté, il faut tenir que tous les autres obligent à garantir des suites de cette même faute. Pour ne laisser aucun doute, on reprendra ici les distinctions des auteurs, et on les fera suivre d'une énumération s'y appliquant.

(1) Voyez sur ce texte du Digeste les explications que nous donnons immédiatement après cet abrégé, p. 61.

Les actes, avons-nous dit, sont faits ou dans l'intérêt seul du débiteur, ou dans celui du créancier, ou dans celui des deux parties. Au premier cas, c'est-à-dire dans le dépôt, si le dépôt a été demandé, dans la gestion d'affaires, dans le mandat, quoique pour ce dernier les textes se contredisent, et encore dans le commodat, la faute la plus légère rend responsable et on exige la diligence supérieure, c'est la diligence exacte, et celle que doit avoir un père de famille diligent. Au second cas, par exemple d'un commodat fait dans l'intérêt de l'emprunteur, toute faute très-légère est imputable. Il faut en excepter le commodat dans l'intérêt du prêteur et le contrat du précaire. Enfin les contrats de la troisième espèce, comme la vente, le louage, engagent aussi la responsabilité pour toutes les fautes. Donc tous

les contrats que nous venons de signaler rendent responsable au même degré.

§ 36. Cette diligence par nous est
exigée sans distinction dans tous les
contrats. Elle n'est pas plus grande dans
le commodat que dans aucun des autres.
C'est toujours celle du père de famille
diligent, celle qui est nécessaire pour
la garde de la chose. On l'exige dans le
gage, dans la vente et il importe peu
que, pour le commodat, on ait parlé
du père de famille très-diligent, et
pour le *negotiorum gestor*, de la diligence très-exacte.

§ 37. Toute cette théorie de la prestation des fautes s'applique aux contrats
de bonne foi dont on a parlé et aux autres analogues, quoique l'on ait noté des
exceptions. Rappelons que si la garde
n'est que dans l'intérêt du créancier,
exemple : le dépôt, la responsabilité ne

porte que sur le dol. Si le contrat est dans l'intérêt des deux, comme dans la vente et le louage, le débiteur répond de sa faute et de sa négligence ; ce qui est encore, à plus forte raison, si le contrat n'a lieu que dans l'intérêt d'une seule des parties, comme le commodat.

§ 38. S'il faut appliquer la règle aux contrats tenant de l'espèce des contrats de bonne foi, on doit ramener les legs et les fidéicommis aux mêmes principes, et c'est ce que dit Sabinus dans la loi 112 D. *De leg.* 1°.

Il nous semble qu'il y a bien des fautes dans le système de Doneau. Nous trouvons d'abord le dol qui est une machination préméditée ; puis la faute lourde *in committendo*, également réfléchie. Vient ensuite la faute lourde *in omittendo*, également réfléchie, ou qui a dû l'être. Et après cela les négligences et imprudences divisées aussi en commises ou omises. En tout quatre fautes diverses, sans compter le dol.

Tout l'esprit, toute la science et toute la richesse du style de l'auteur, unis à sa vigueur de logique, ne pourront jamais faire que sa division en deux ne soit une division en quatre, ou en trois, par l'application qu'il fait de sa division aux contrats.

Il y a plus, cette dissertation n'a pas tenu compte de la loi 5 D. *Commodati* que nous avons donnée en commençant cette étude. Puis elle a traité bien légèrement la loi 23 D. *De regulis juris antiqui,* dont voici les termes :

Contractus quidam dolum malum duntaxat recipiunt : quidam et dolum, et culpam : Dolum tantum, depositum et precarium : dolum et culpam, mandatum, commodatum, venditum, pignori acceptum, locatum, item dotis datio, tutelæ, negotia gesta. (In his quidem et diligentia (1).) Societas, et rerum communio, et dolum, et culpam recipit. Sed hæc ita, nisi quid nominatim convenit, vel plus, vel minus, in singulis contractibus : nam hoc servabitur, quod initio convenit. Legem enim contractus dedit : excepto eo, quod Celsus putat, non valere, si convenerit, ne dolus præstetur ; hoc

(1) Le texte est ainsi d'après les Basiliques. Dans la Vulgate on lit : *in his quidam et diligentia ;* enfin les Pandectes florentines disent *in his quidem et diligentiam.* Le lecteur peut choisir; pour nous, d'accord avec J. Godefroy, nous suivons la leçon qui a été officielle à Constantinople.

*enim bonæ fidei judicio contrarium est :
et ita utimur. Animalium vero casus,
mortes, quæque sine culpa accidunt,
fugæ servorum, qui custodiri non solent,
rapinæ, tumultus, incendia, aquarum
magnitudines, impetus prædonum a
nullo præstantur.*

Au temps où Cujas était professeur à
Bourges, un de ses plus illustres élèves,
qui fut comme tant d'autres un de ses
fidèles amis, Pierre Dufaur de St-Jorry,
Petrus Faber, premier président plus
tard du parlement de Toulouse, publia
un commentaire du titre *De regulis
juris*, où les textes du droit civil furent
examinés avec le plus grand soin. Faber s'aida surtout des auteurs grecs.
C'était au seizième siècle, au moment
où les Basiliques, Théophile, Harménopule et leurs scholiastes venaient d'être
mis en lumière; Dufaur, en s'appuyant

deleur autorité, conserva les trois ordres de fa⸱⸱es que la loi 5 D. *Commodati* avait établis. Nous verrons plus tard Jacques Godefroy suivre la même route.

Cujas, dans son commentaire sur cette loi 23, fait après la publication du livre de Doneau, qu'il avait certainement lu, continue à suivre l'ancien système. Il avait reçu la dédicace du livre de Dufaur et avait probablement coopéré à cette œuvre remarquable. Il nous a paru utile de rappeler l'opinion de Cujas, parce qu'elle est le résumé de son enseignement sur notre difficulté. Il commente donc ainsi la loi 23 D. *De regulis juris.*

―――――

OPINION DE CUJAS.

De ces contrats, disait-il, les uns re-çoivent seulement la prestation du dol,

tels sont le dépôt et le précaire : car celui qui a reçu un dépôt, doit répondre
seulement de son dol et non de sa faute.
Il est assez de mettre le dol à sa charge
puisqu'il ne tire du contrat aucune utilité (l. 5 § 2 D. *Commod.*). De même
celui qui a sollicité le *précaire*, répond
seulement de son dol : car le précaire
dérive en entier du bienfait et de la
libéralité de celui qui l'a accordé pré-
cairement, pour que celui qui l'a accepté en use tant qu'il plaira à celui
qui l'a donné. C'est pourquoi le précaire finit toujours par la seule volonté
de celui qui l'a donné. Ainsi il n'y
aurait aucune utilité à admettre une
responsabilité plus étendue, puisque
le contrat est rompu par la seule volonté du cédant; il suffit de dire qu'il
emporte avec lui la prestation du dol
(Ulp., lib. 71 *Ad edict.*, l. 8 § 3 D.

De precario). Dans les autres contrats
on place la prestation du dol et de la
faute : ce sont ceux dans lesquels on a
cherché l'utilité des deux parties,
comme la vente, le louage, le gage, la
dot, la société, la communauté, etc. Et
ce n'est pas sans raison qu'on y place
la responsabilité de la faute. Dans le
commodat, on trouve l'utilité seule de
celui qui reçoit : et pour cela, il doit
la prestation de sa diligence la plus
exacte, c'est à savoir plus exacte que
dans les autres contrats (l. 5 § 2 *in
fine* D. *Commodati*). Dans la gestion
d'affaires, la tutelle, le mandat, il n'y
a aucune utilité du gérant, du tuteur
ou du mandataire, à moins que par hasard un salaire n'ait été promis. Mais
comme le *negotiorum gestor* a pris spontanément la gestion des affaires d'autrui, comme le tuteur doit protéger

les biens du pupille, qui ne peut se
défendre, et le mandataire les affaires
du mandant, office d'amitié très-néces-
saire dans le commerce de la vie, il
faut certainement y apporter un soin
assidu, et nous l'exigeons plus diligent
que dans les autres contrats, dans lesquels on doit répondre de son dol et
de sa faute. On requiert pour les quatre précédents la responsabilité du dol,
de la faute et du manque de diligence.
Et c'est ce que dit notre loi : Dans
ceux-ci, *certains* requièrent la diligence, *in his quidam et diligentiam*. C'est
ainsi qu'il faut lire et par conséquent
placer ces mots entre parenthèse. *Certains :* tels sont le commodat, le mandat, la tutelle, la gestion d'affaires. La
diligence, c'est-à-dire le soin le plus
exact et la garde la plus soigneuse (l. 5
§ 5 D. *Commodati;* Gaïus, lib. 2, *cotti-*

dianarum rerum, 1. 2 D. *De peric. et comm. rei venditæ;* Ulpianus, lib. 1 *Ad edict. præt.;* 1. 6 D. *De admin. rer. ad. civit.;* Ulpianus, lib. 22 *Ad Sabinum;* 1. 47 § 5 D. *De leg. 1°*). La bonne foi est opposée au dol, la garde et la diligence à la faute. La faute est une négligence. La négligence procède d'une commission ou d'une omission. (Paul, lib. 17 *Ad Plantium;* 1. 91 pr. D. *De verb. obl.;* Ulpianus, lib. 36 *Ad edict.;* 1. 1 *De tut. et rat. dist.*) Car la négligence se commet en faisant (Paul, lib. 13 *Ad Edict.;* 1. 121 D. *De R. J.*), et l'omission ou la commission rendent responsable où la faute est imputable. Il y a autant de degrés à la diligence qu'à la faute.

Il y a une diligence très-exacte, presque une exubérance de soin, comme une curiosité coupable (1. 6. D. *De fact.*

et jur. ignor.); y manquer, c'est commettre une faute très-légère (Ulpianus, lib. 42 *Ad Sabinum;* l. 44 D. *Ad leg. Aquil.;* Modestinus, lib. 31 *Ad Quintum Mucium;* l. 54 D. *De adquir. rer. dom.*); il y a une diligence moyenne, et d'autre part une faute légère. Une diligence moindre est presque nulle, et donne la faute lourde comparable au dol, de laquelle sont seulement tenus le dépositaire et le possesseur précaire (Celsus, lib. 2 *Digestorum;* l. 32 D. *Depositi;* Ulpian., lib. 71 *Ad edict.;* l. 8 D. *De precar.*). On l'appelle faute majeure, comme pour grande force on dit force majeure, comme *fur improbus,* pour *fur improbior,* le comparatif étant employé pour le positif, comme disent les Grecs; c'est ce qui est manifeste pour la grande faute (Antoninus, l. 2 C. *Arbitr. tutel.;* Paulus, lib. 2 *Manua-*

lium; l. 226 D. *De verb. sign.*); pour la trop grande (Ulpianus, lib. 1 *Regularum,* 213, § ult., eod.); c'est ce que disaient encore les Grecs sur la loi 8 D. *De præc.*, sur la nombreuse négligence, et dans divers endroits, la grande négligence. Dans le commodat, le mandat, la tutelle, la gestion d'affaires, on répond de sa faute très-légère (Dioclet. et Maxim., l. 9, 11, 13, Cod. *Mand.;* Philippus, l. *Si mater*, Cod. *De usur.;* § 1 *Inst. De obl. quæ ex contract.;* Callistratus, lib. 4 *De cognitionibus;* l. 33 D. *De adm. et peric. tut.;* l. 5 D. *Commod.*). Dans les autres contrats on répond de la faute légère. On dira peut-être que la responsabilité du tuteur est la même que celle de l'associé. L'associé doit la prestation de la diligence qu'il apporte à ses affaires (§ ult. Inst. *De societ.*), et il en est ainsi du tuteur

(Ulpianus, lib. 36 *Ad edictum ;* l. sup.
De tut. et rat. distr.). Mais il faut
ajouter à cette loi première ce que les
Grecs ajoutent, non pas la diligence
simple, mais celle d'un homme soigneux. Est-ce que si un tuteur était
très-négligent dans ses affaires, il ne
serait pas responsable de traiter de
même celles du pupille? On objectera
de nouveau que la diligence dont nous
parlons est celle dont répond le dépositaire (Celsus, l. 32 D. *Depos.*).
Chez le dépositaire, on dit qu'il y a
grande faute, quand il n'a pas conservé
la chose d'autrui comme la sienne.
Pour l'associé, comme il est permis à
chacun d'être négligent pour ses affaires, et que dans les choses communes
on a une part, il n'y a pas faute lourde,
mais légère, à ne pas mieux conserver
la chose commune que la sienne. On

donne en apparence néanmoins une plus forte responsabilité à l'associé qu'au dépositaire. Si c'est une faute légère pour le dépositaire de ne pas conserver le dépôt plus soigneusement que sa chose, et s'il ne répond pas de cette faute, on va plus loin pour l'associé et on voit là une faute très-légère, dont on ne le charge cependant pas plus que le dépositaire. Dans aucun des contrats, la perte fatale et le cas fortuit ne donnent lieu à une responsabilité, à moins de convention contraire. Et c'est ce que dit notre loi en sa fin, où il faut lire *animalium, casus mortesque, quæque,* comme dans le grec. A l'égard des esclaves notre loi désigne ceux qu'on n'est pas dans l'usage de garder, car il y a faute si on laisse fuir les esclaves enchaînés ou marqués (Paulus, lib. 21 *Ad edictum*; 1. 21 D. *De rei vindic.;*

l. 5 D. *Commod.*; et Gaius, lib. 18 *Ad edict. prov.*, l. 18, eod.).

S'il s'agit de former une action, on doit partir des conventions faites dès l'abord entre les parties. La faute peut alors donner lieu à une responsabilité dans le dépôt et le précaire, ne pas être imputable dans les autres. On répond toujours de son dol, bien que l'on soit convenu du contraire (*ici les lois qui le prouvent*). Après le dol on peut faire remise de la responsabilité, mais on ne peut pas faire une convention pour l'avenir, de laquelle il résulte que vous commettrez impunément un dol sans encourir la peine de la fraude.

Telles sont les explications de Cujas. Je les ai traduites ou à peu près, parce que l'on n'a pas été d'accord sur son système. J'y trouve le dol et trois fautes : la faute lourde, la légère et la plus légère.

Le même Cujas, en ses observations (liv. 19, chap. 24), a repris Accurse et ses disciples d'avoir enseigné que la négligence était le contraire de la garde, *custodia*, en ce sens, d'après les mêmes auteurs, que la faute consiste à faire seulement. Cujas enseignait, et avec raison, que la faute consistait aussi bien à ne pas faire, et il citait des textes desquels il résulte que faute s'interprète indolence et négligence, *desidia et negligentia*. D'où généralement la faute existe où il se rencontre légère négligence, léger défaut de diligence exacte, ayant causé un trouble par impéritie ou imprudence. Il oppose la garde, *custodia*, et la diligence ou la très-exacte diligence à la faute très-légère. Ici Cujas n'a pas parlé de la faute

lourde, n'y aurait-il pas exagération
à dire qu'il l'a abandonnée? En effet,
son but est de réfuter la théorie des
Accursiens et le reste n'est qu'un ac-
cessoire de la démonstration. D'ailleurs,
il a partout enseigné que la faute
lourde était équivalente au dol, et il
signale, dans cette observation, certains
contrats où l'on répond de son dol et
de sa faute, ce qui veut dire : dol, faute
lourde et faute légère.

Étienne Pasquier, à quatre-vingts ans,
en 1609, écrivit pour sa famille une explication des Institutes de Justinien, qui
a été publiée, en 1847, par M. le duc
Pasquier, chancelier de France, avec
une introduction de M. Ch. Giraud,
membre de l'Institut, aujourd'hui professeur de droit romain. Ce livre, nous
l'avons dit, n'est pas assez connu. C'est

une œuvre d'érudition et de bon sens, qui s'adresse à tout le monde et surtout aux hommes politiques. — Le lecteur sera bien aise d'avoir ici un extrait de cet ouvrage, où la bonhomie et la science de l'auteur ne laissent ignorer ni les difficultés ni les dangers de notre matière.

Quoiqu'il y ait adopté la division des trois fautes, il enseigne que la question n'a jamais été résolue définitivement et que tous les jurisconsultes ont essayé de l'éclaircir. Mais nous préférons ici copier textuellement, et l'on nous permettra de citer le chapitre xxviii du livre III de l'interprétation de Pasquier, qui est consacré tout entier à notre sujet. Le voici :

OPINION DE PASQUIER.

CHAPITRE XXVIII. — De culpa lata, levi et levissima.

Parce que discourrant, en ce titre : *quibus modis re contrahitur obligatio*, je voy que l'empereur nous baille divers préceptes, par lesquels, *in mutuo, commodato, deposito et pignore*, uns et autres contractants peuvent estre tenus *de culpâ*, plus ou moins, il m'a semblé qu'à la suite de cela, nous devions sça-voir *quænam culpæ est natura*.

La coulpe, en droict, a deux visages : l'un qui regarde le crime, pour lequel on est puny extraordinairement, duquel nous n'entendons icy parler; l'autre qui regarde les contrats, lequel consé-quemment on traicte civilement, et c'est celuy dont nous parlerons maintenant, qui est proprement une paresse et nonchallance, à laquelle nous opposons un soing et diligence que l'on doibt apporter en une affaire, entre ceux qui contractent ensemble.

De cette coulpe contractuelle, Bartole et quelques autres docteurs, à sa suitte, font cinq espèces, *latissimam*, *latiorem*, *latam*, *levem* et *levissimam*, division dont les modernes se mocquent, comme *Corras*, *lib.* 4, *Miscellan.*, cap. 1; Gourræus, lib. *De rescindenda venditione;* Brisson et Hottoman, en leurs livres *De verborum et rerum significatione :* car ils n'en mettent que trois espèces, *latam*, *leviorem* (que Hottoman appelle *mediocrem*), et *levissimam :* distinction qu'on peust dire avoir été puisée dedans une curiosité, car vous ne la trouverez dedans le droict, au moins si spécifiquement. Voyez le titre *De verborum significatione*, où, en divers passages, il y a quelques coulpes, les unes plus grandes, les autres moindres, diversement appliquées à uns et autres contracts, mais non pour induire une si exacte division : toutefois nos docteurs, par forme d'art, ont forgé cette distinction, *lata, levis et levissima.*

Lata culpa, quæ etiam latior dicitur, in L. *Quod Nerva,* 32, ff. *Depositi,* par une liberté grammaticale, qui met quelquefois le comparatif pour le positif, *alio nomine magna nuncupatur,* in L. *Magna,* 226, ff. *De verb. signific.;* et, par quelques-uns, est appelée *crassa, supina* et *dissoluta negligentia,* L. 6 *De juris et facti ignorantia;* et, par les autres, *consultæ et vulgaris diligentiæ omissio, quæ tam præpostera et inexcusabilis est, ut etiamsi non præsu-*

matur fraus, parum tamen ab ea distat, L. Si procuratorem, 8, ff. Mandati; ita ut nullo excusationis prætextu erui possit, veluti si, quod omnes intelligunt, quis non intelligat; L. *Latæ,* 223, *De verborum signific.;* L. *Cedere,* 213, § ult. ff. *eodem;* L. *Regula,* 9, § *Sed facti,* ff. *De juris et facti ignorantia.* A quoy Accurse adjouste v° *Omnes : Vel major pars, et si quis, in aliqua re, eam diligentiam non adhibet, qua etiam qui piger est et ignavus utitur;* L. *Mulier,* 22, § *Sed enim,* ff. *Ad S. C. Trebellianum.*

Et, combien que le faict des coulpes semble n'avoir naturellement rien de commun avec le dol et circonvention, toutefois, cette coulpe, si ainsy faut dire, extraordinaire et paradoxe, en matière de contracts, est réputée de mesme effect que le dol, *dicta* L. *Magna,*

ff. *De verb. signif.*: *Magna negligentia,*
dict le texte, *culpa est, et magna culpa
dolus est.* Et L. 1, § *Hæc actio,* ff. *Si
mensor falsam mensuram dixerit : Lata
culpa plane dolo comparatur;* et dict.
L. *Quod Nerva ,* ff. *Depositi : Quod
Nerva diceret latiorem culpam dolum
esse, Proculo displicebat, mihi verissimum videtur.*

*Levis culpa dicitur, cum quis talem
diligentiam non adhibuit qualem diligens paterfamilias;* § *Creditor, Inst.,*
hoc tit. (14, liv. iii); L. *Ea igitur,* 14,
ff. *De pign. actione.*

*Levissima, quando quis talem dili-
gentiam non adhibet qualem diligentissimus paterfamilias, quæ omissio exac-
tissimæ diligentiæ appellari potest;* § ult.
Inst., infra, *De societate.*

*De casu fortuito, quis, regulari et
communi jure, non tenetur, sed dam-*

*num, quod ex eo provenit ad rei domi-
num pertinet; L. Quæ fortuitis, 6, Cod.
De pign. action.; paucis tamen exceptis,
si dolus vel culpa casum fortuitum
præcesserit,* L. 1, c. Cod. *De commodato,
et cap. 1. Extra, eodem.*

Toutes ces choses cy-dessus présup-
posées, pour le faict de la coulpe, nous
apprenons du titre *Quib. modis re contrahitur obligat.*, que *in mutuo*, soudain
que j'ay presté mon argent, le débiteur
est tenu de me payer, quelque hasard
qui soit, depuis, survenu, voire sans sa
coulpe, par le moien duquel il ait perdu
le dict argent; *atque id*, parce que,
soudain que je vous ay presté mon
argent, *de meo tuum fit*, et, par conséquent, tous hazards *tuo incommodo
cedunt*, comme estant, dès lors, faict
propriétaire des dicts deniers.

Quant au commodataire, *nullo casu*

tenetur, de la chose à luy prestée, *dum tamen casum culpa non præcesserit ;* et, en ce mot de *culpa*, nous entendons *commodatarium teneri de omni culpa, etiam de levissima. Nam si id tibi commodatum est domi, peregre tamen ferre malueris ; tunc quoquo casu res commodata perierit, dubium non est quin de ea restituenda tenearis.* Et ainsy est-il nommément parlé au § *At is, hoc titulo.*

At vero depositarius tantum tenetur de dolo. C'est ce que dict l'empereur, *in dicto* § *Præterea : Culpæ autem nomine,* dit-il, *id est desidiæ ac negligentiæ, non tenetur. Itaque securus est, qui parum diligenter custoditam rem furto amisit ; quia, qui negligenti amico rem custodiendam tradidit, suæ facilitati id imputare debet.* Et parce que *lata culpa æquiparatur dolo,* il est tenu pareillement de *lata culpa.*

In pignore, par le § *Creditor*, qui est le dernier, c'est une chose qui va entre les deux en balance, parce que *creditor non omnem culpam, tanquam commodatarius, præstare debet, neque latam culpam tantum, verum etiam levem; nimirum, quia eam diligentiam in pignore custodiendo debet adhibere, non quam diligentissimus, sed quam diligens paterfamilias adhiberet.*

De cette matière et *quemadmodum culpa in contractibus præstanda sit*, voyez la loy *Contractus*, 23, *De reg. juris*, avec la glose d'Accurse sur icelle.

Mais d'où peut provenir cette diversité de décisions, en ces trois contracts de *commodatum, depositum et pignus?* Il y a grande apparence de dire que : *In contractibus in quibus nulla est utilitas accipientis, dolus solus, et lata culpa*

*præstari debeat, ut in deposito. Sed ubi
utilitas sola est illius, ut in commodato,
non solum dolus, sed etiam lata culpa,
levis et levissima.* Mais, en contract où
il y va de l'utilité et profict de l'un et
de l'autre, *ut in pignore :* au créancier,
d'autant que par ce moien il assure sa
debte, d'un costé ; et au débiteur, d'un
autre costé, parce que, soubz prétexte
de ce gage, il trouve plus aysément de
l'argent ; si le gage se perd, *tametsi
creditor a lata et levi culpa non excu-
setur, non tamen tenetur, si levissima
culpa pignus perierit.* Et ces trois règles
se pratiquent en toutes autres espèces
de contrats, dont nous traicterons cy-
après.

D'une chose, sans plus, m'esbahis-je,
qui est que le commodataire ne soit
aucunement tenu de la perte de la chose
qui luy est prestée, sinon *ubi culpa*

præcesserit casum, parce que si cette règle doit estre censée et estimée vraye, comme il y a grande apparence, puisque, par le prest qui luy est fait, son créancier ne reçoit aucun profict, ny directement, ni obliquement, il semble qu'il ne serait pas hors de propos de dire, *etiamsi culpa non præcessisset casum*, que le commodataire fust tenu de la perte de la chose à luy prestée, afin que cette perte *non cedat incommodo creditoris ;* opinion laquelle, à mon jugement, estant soustenüe en un barreau, par un advocat, ne serait point aisément explodée, estant assistée de la susdicte raison.

De cette matière, vous pouvez avoir recours à Philippus Decius, *in dicta* L. *Contractus*, 23, *De regul. juris;* à Corras, dedans le dict chap. I du 4e liv. de ses Meslanges ; Alciat. *in dict.* L. *Magna*,

dicta L. *Cedere*, § ult., et *dicta* L. *Lata*,
ff. *De verb. signif.*

—

Un autre jurisconsulte éminent, J.
Godefroy, a examiné la question dans
son commentaire du titre *De regulis
juris*. Son système, à peine mentionné
par M. Blondeau dans une dissertation
dont je parlerai plus tard, n'a pas encore été apprécié depuis que la question
a été traitée dans le journal *la Thémis*.

Son explication de la loi 23 *De regulis juris* n'a pas moins de 32 colon-
nes *in-folio*. Elle valait la peine qu'on
s'y arrêtât, par l'importance du nom de
l'auteur et le soin qu'il a donné à son
travail. Tous les jurisconsultes savent
que Jacques Godefroy, fils de Denis, fut
un philosophe distingué. Ses études,

qui l'avaient porté vers le droit administratif, comme le prouve si bien son admirable commentaire du Code Théodosien, ne l'avaient pas empêché d'étudier et d'approfondir le droit civil. Sa plume, qui a écrit la dissertation intitulée ULPIANUS , sur la limite des pouvoirs des monarques, a restitué et commenté les lois *Julia et Pappia Poppœa.*

Gérard Noodt, qui, disait M. Lasagni, dans les matières qu'il a traitées n'a pas d'égal , traitant précisément la question des fautes dans ses rapports avec le gage, n'hésitait pas à qualifier J. Godefroy de *vir egregius.* Nous insistons sur le mérite de cet auteur, parce qu'on le considère plutôt comme un grand historien que comme un grand jurisconsulte. Une semblable distinction ne pouvait être faite au temps où il vivait. Le fils de Denis Godefroy était un digne contemporain de Grotius et des autres de cette école, tous aussi remarquables par leur science universelle que par leur amour de la liberté.

Il commence en ces termes son explication de la loi 23 dont nous parlons : *Solemnis hæc, et celebratissima omnium hoc titulo, Ulpiani lex sive regula est; de præstationibus in contractibus.*

En présence d'un travail aussi long que le sien, nous nous contenterons d'un abrégé.

ABRÉGÉ DU COMMENTAIRE DE JACQUES GODEFROY.

Il s'agit de savoir de quoi répond celui qui, étant chargé par un contrat de la chose d'autrui, doit la remettre à son maître. Il faut dire que celui qui doit rendre, doit être exempt de fautes; et en premier lieu quelles responsabilités dérivent des contrats et de la nature de chacun d'eux? La règle posée par la loi 23 est la clef de presque tout le traité des contrats et du commerce que les hommes ont entre eux.

Les anciens jurisconsultes ont eu beaucoup de difficultés pour expliquer notre règle: 1° parce que les lois diverses se contredisent; 2° parce que le sens des mots *culpa, diligentia, custodia* et *periculum*, semble souvent ambigu; 3° par le nombre de fautes sur lesquelles les interprètes sont en désaccord; 4° parce que l'on diffère sur le texte et le sens de ces mots, *In his quidem et diligentiam;* 5° parce que Ulpien s'est ici contenté d'une sèche nomenclature des contrats et des responsabilités;

8.

6° enfin parce que la règle que les anciens prenaient et prennent encore pour base est fallacieuse. Nous disons, celle qui divise les contrats en contrats faits, pour l'intérêt du créancier, pour l'intérêt du débiteur ou pour l'intérêt des deux. Mais beaucoup de jurisconsultes, dont les principaux sont avec lui : Cujas et Pierre du Faur, ayant écrit sur cette matière même dans des traités séparés, il faut bien suivre ses devanciers et donner ces méditations.

Disons d'abord que cette loi 23 est tirée d'Ulpien, qui plus que tout autre a traité des fautes, non-seulement sur Sabinus, dans cette loi et dans trois autres (L. 10, L. 12, L. 4, D. *De furtis*); mais encore dans ses livres sur l'édit (L. 5, depuis le § 2 jusqu'au § 11, D. *Commodati*).

2° Et quoique semblables sous d'autres rapports, nous trouvons d'autres traités abrégés sur ce point. Par exemple Africain (L. 108, § 12, D. *De legat.* 1°); Modestin, dans la collection des lois mosaïques.

La troisième observation est que cette loi est prise d'Ulpien dans ses livres sur Sabinus et même de son livre vingt-neuvième *Ad Sabinum*, comme les lois 10, 12, 14, D. *De furtis*, citées plus haut, et comme les lois 10 et 12, D. *Commodati.* Suivant quelques auteurs, ce livre aurait été consacré aux conséquences des contrats et aux actions qui en résultent. C'est ce que prouvent les textes divers et notamment la loi 14 *De furtis*, où dans 18 paragraphes Ulpien parle de la responsabilité de la chose volée par rapport à presque tous les contrats. Nous connaissons ainsi la contenance complète du livre 29 d'Ulpien, sur Sabinus, et nous saurons nous en servir pour interpréter notre loi.

La quatrième observation est que cette loi se réfère aux contrats synallagmatiques de bonne foi. Mais ce mot contrat a ici besoin d'être expliqué; en effet, il rappelle tous les genres d'obligations, tous les actes obligatoires et même les quasi-contrats, comme l'enseigne Paul dans son livre 58 sur l'édit (L. 20, D. *De judiciis*).

2. Or ces contrats sont dans l'intérêt du créancier, du débiteur ou des deux parties.

3. Enfin la chose laissée à la garde du débiteur peut se trouver dans ses mains par cinq raisons : seulement pour la garde, *custodiâ*, comme dans le dépôt; pour l'usage, *usu*, comme le précaire,

le commodat, le louage, la dot; pour la détention, *possessione*, destinée à donner une sécurité, comme le gage ; pour l'administration ou la gestion, comme le mandat, la tutelle, la gestion d'affaires; pour cause de communauté.

La cinquième observation est qu'il n'est pas étonnant que notre loi se soit contentée d'énumérer les douze contrats dont elle parle, auxquels il faut joindre ceux qui, innomés, rentrent dans leurs espèces ; mais il est certain qu'elle n'a pas dû s'occuper de ceux par lesquels la propriété incommutable est transférée au même instant que la possession, par exemple le *mutuum* (Ulpien, *Ad edict.*, L. 10 D. *De verb. sign.*); tandis que, dans les contrats dont parle notre loi, c'est la même chose qui doit être rendue; donc c'est à tort que certains auteurs pensent qu'Ulpien a oublié le *mutuum*. Il est de même inutile de parler, à propos de la loi 23 *De reg. juris*, de la nature des contrats, car leur nature n'y est envisagée qu'au regard de la question des fautes.

Il n'est pas moins mal à propos d'y parler des choses qui sont données par acte de dernière volonté, et de la responsabilité des jurisconsultes, avocats, assesseurs, magistrats, arbitres, géomètres, courtiers, huissiers; comme de celle des furieux, des prodigues ou des pupilles.

Enfin le mot *periculum*, de la loi 23 D. *De R. J.*, n'est pas pris ici pour le danger que courent les imprudents ou qui vient de la force majeure ou imprévue. Ce mot *periculum* désigne nécessairement ici la responsabilité qui dérive de la nature des contrats.

On dit, en ce sens, que le péril est pour le détenteur (Gaius, *Ad edict. præt. urb.* L. 13, § 1, D. *De lib. caus.;* Paul, lib. 13 *Ad edict.* L. 4 D. *Naut., caup.;* Ulpien, lib. 29 *Ad Sabin.* L. 14 § 16 D. *De furtis*). C'est ce que l'on trouve encore expliqué spécialement pour la vente, le commodat, le louage, le dépôt, la tutelle et d'autres contrats ou quasi-contrats.

La sixième observation est que cette loi traite seulement de la responsabilité de celui qui détient la chose d'autrui en vertu d'un contrat, mais qu'elle ne traite pas de ce qui est dû par le propriétaire de la chose au détenteur.

Ulpien a employé, dans la loi 23, deux fois le mot *præstare* pour indiquer que le débiteur doit répondre de la chose en certains cas. Il faut expliquer ce mot dont le sens est variable. Nous le rencontrons deux fois dans Cicéron; la première au livre 3 *Des devoirs*, où il est appliqué, comme dans notre loi, à toutes les conséquences qui dérivent des contrats de bonne foi. Le second exemple est dans les *Topiques*, où il est pris comme dans la loi 152 *De reg. juris* et la loi 5 *De usuris*. Il peut s'entendre alors d'une seule partie des obligations.

Enfin la responsabilité s'entend de la perte qu'a éprouvée la chose, et qu'on désigne par ce mot *periculum*. Mais on entendrait mal ce dernier mot, si on l'employait pour les cas imprévus, la force majeure ou divine.

La septième observation consiste à noter quels sont les genres de responsabilité, quels en sont les degrés, les espèces et le nombre. Car un traité des degrés des fautes est nécessaire non-seulement pour cette matière des contrats, mais encore pour les quasi-délits, l'application de la loi *Aquilia*, et pour ce qui touche encore la revendication, la pétition d'hérédité, la matière des fidéicommis et des legs, les offices publics et les professions diverses. Sous chaque matière on traite de la faute qui lui est propre. Quelquefois le mot faute est général et s'emploie pour désigner tous les actes d'où dérive une responsabilité; on y renferme alors le dol.

Il y a trois espèces ou degrés de fautes, c'est ce que dit ici Ulpien; il propose ces trois degrés sans plus. D'un autre côté, il en a indiqué trois dans la loi 5 § 2 *Commodati*, le dol seul, puis le dol et la faute. Mais en s'avançant dans sa loi, il indique un troisième degré, la diligence. Citons encore comme d'accord avec cette division les lois 47 § 5 D. *De legat.* 1°; 17 *in princ. De jure dotium;* 19 Cod. *De pignor.*

Ici il faudrait traduire mot à mot notre auteur qui, sur la faute double, c'est-à-dire le dol mauvais et l'imprudence, cite Salluste, les Grecs, Plaute, et une forêt de lois romaines. Mais il persiste à croire que la faute dont on doit répondre est triple.

La diligence est examinée par le juge et celui-ci verra : 1° Si le débiteur a eu celle commune à tous les hommes et que l'on peut appeler le sens commun ; 2° s'il a eu la diligence qu'il apporte dans ses affaires ; 3° s'il a manqué enfin de celle qu'un père de famille soigneux peut avoir pour ses affaires. La négligence opposée à notre n° 1 est appelée faute lourde, *lata culpa ;* faute plus lourde, *culpa latior, latissima ;*

grande faute, *magna culpa; negligentia crassa, magna, nimia, lata, dissoluta, remissior; ignorantia item deperditi et securi hominis, supina, quæ in supinum hominem cadit, ignorantia dissoluta, securitas nimia*.

On peut la définir le manquement à ce que tout le monde comprend (Ulpianus, lib. 1 *Regularum;* L. 213, Paul, lib. 2 *Sentent.*, lib. 1 *Menualium*, LL. 223, 226, D. *De reg. juris*).

Il ne faut pas la diviser en faute lourde *in committendo* ou *in omittendo*, mais s'en tenir à ceci qu'on la commet lorsque l'on n'a pas compris ce que tout homme doué du sens commun comprend. Où il y a eu intelligence et connaissance du péril, il y a eu dol. Par conséquent, le dol est tout à fait distinct de la faute, c'est ce que l'on doit décider en droit civil comme en droit criminel.

Après avoir établi en quoi consiste la faute lourde, il faut examiner les deux autres degrés de diligence que l'on doit apporter aux affaires, et que l'on peut appeler en général la diligence commune à tous les hommes. Ces deux degrés sont opposés à la faute lourde, et c'est une ignorance crasse qui a fait voir à Accurse et son école une faute lourde dans la loi 32 D. *Depositi,* où sont ces expressions : *ad eum modum quem hominum natura diligens sit.*

Le second degré de diligence d'où dérive le second degré de faute n'est plus relatif à la commune intelligence ou au sens commun. Il est marqué par la diligence que le détenteur de la chose d'autrui apporte à ses propres affaires (Paul, lib. 23 *Ad Edict.,* L. 25 § 16 *in fine* D. *Famil. ercisc.*). C'est pourquoi dans la loi 22 § 3 D. *Ad S. C. Tre-*

bell. la faute légère est comparée à la négligence que le débiteur a dans l'administration de ses biens. Défions-nous de voir ici les textes qui se rapportent à une responsabilité autre que celle qui entre dans les contrats; parce qu'alors nous pourrons nous tromper sur le sens de ce mot, faute légère; comme on peut en voir un exemple dans Papinien, L. 39 § 6 D. *De adm. tut.* Disons donc que la faute légère dans les contrats existe quand le détenteur n'a pas apporté pour la chose qui lui est confiée le soin qu'il a pour les siennes. Cette responsabilité dérive d'une diligence moyenne, comme dit le scholiaste d'Harménopule.

On oppose ici la loi *Quod Nerva*, 32, D. *Depositi* ainsi conçue : *Quod Nerva diceret, latiorem culpam dolum esse, Proculo displicebat : mihi verissimum*

9.

videtur. Nam et si quis non ad eum modum, quem hominum natura desiderat, diligens est, nisi tamen ad suum modum curam in deposito præstat, fraude non caret : nec enim salvâ fide minorem iis, quàm suis rebus, diligentiam præstabit. Cette loi est une des croix des jurisconsultes, mise là pour les empêcher de bien distinguer les degrés de fautes, et beaucoup avouent ne pouvoir rien pour l'expliquer. Certains auteurs veulent encore distinguer la faute lourde *in abstracto* de la faute lourde *in concreto.* Tout cela peut très-bien se concilier. Dans le dépôt, la faute lourde consiste pour le dépositaire à ne pas avoir pour la chose déposée le soin qu'il a pour la sienne. Tout homme sait qu'il faut *garder* le dépôt, car on peut le définir une chose donnée en *garde.* Les mêmes règles s'appliquent au pré-

caire, mais non aux autres contrats, à l'égard desquels il est permis de se préférer à autrui.

Le troisième degré de diligence est celui que le père de famille diligent apporte à ses affaires. Ce n'est plus la diligence de tous les hommes, celle que le débiteur a pour ses propres biens, mais celle d'un père de famille plus diligent. Elle est plus exacte que celle employée aux choses du débiteur (Paul, lib. 5 *Ad Sabinum*, L. 3 D. *De peric. rei vendit.*; Gaius, lib. 2 *Aureorum*, L. 1 § 4 *De obl. et act.*; § 6 *Inst. Quib. mod. re contrah.*). C'est le plus haut degré de diligence; on ne peut en exiger au-dessus.

La nature humaine n'en désire et n'en comporte pas. Il est inutile d'entrer ici dans les raisons qui prouveraient qu'il n'y a pas un degré de diligence plus fort, les explications qui sont données par Cujas et même, en certains points, celles de Doneau, ne laissent aucun doute. Disons encore pourtant que la faute très-légère existe *in committendo et in negligendo*, et qu'on en répond notamment quand, après avoir dit que le détenteur répond de sa faute, on dit qu'il est aussi tenu de sa négligence.

Si nous arrivons maintenant à expliquer le mot *custodia*, garde, nous trouverons qu'il doit s'entendre dans un sens triple. Ainsi le vendeur répond de toute négligence si la chose est à sa garde, et l'on n'excepte que le cas fortuit ou la force majeure, lib. 29 *Ad Sabinum* (Ulpianus, L. 14 *in princ. De furtis ;* Gaius, lib. 2. *Cottid. rerum,* L. 2 § 1 *De peric. et comm. rei vendit.*). Puis la diligence à apporter à la garde

est distinguée seulement du dol et de la faute lourde (Dioclet. et Maxim., L. 196 *De pignor.*).

Enfin on trouve que le contrat emporte la responsabilité de la faute et de la garde. La faute s'entendant de la faute lourde et de la faute légère, la garde, *custodia*, entrainera responsabilité pour la faute très-légère. De là vient que ce mot garde n'a pas toujours le même sens et qu'il faut bien voir de quelle manière on l'emploie.

Mais quand le mot *diligentia* est mis avec le mot *custodia*, on doit dire qu'il s'agit de la garde la plus exacte; et Ulpien, l. 5 § 9 D. *Commodati*, a rapproché et mis en parallèle ces deux expressions.

Ceci dit, il faut passer aux douze contrats dont parle Ulpien dans notre loi, et dans l'ordre où il les a placés, autrement nous ne saurions plus nous retrouver ni auxquels appliquer ces mots : *in his quidem et diligentiam*, dont le sens se rapporte à l'ordre suivi par le jurisconsulte.

Il y a trois classes ou espèces ou genres de contrats. Dans les uns, le dol seul engendre la responsabilité. Dans les seconds, le dol, la faute et la diligence ; et dans les troisièmes, le dol et la faute seulement.

Pour le dépôt et le précaire, le dol, c'est-à-dire le dol et la faute lourde qui lui est comparable, donnent seuls lieu à responsabilité.

Passons maintenant aux contrats qui donnent lieu à responsabilité pour le dol, la faute lourde, la faute légère et la faute très-légère. Ce sont ceux auxquels se réfère ce membre de phrase des Pandectes florentines : *in his quidem et diligentiam*, mal rapporté dans certains textes qui donnent *in his quidam et diligentiam*. Cette dernière leçon n'a pas de sens, à moins qu'on ne l'applique aux trois contrats les plus rapprochés du membre de phrase. Cependant les jurisconsultes les plus consommés ont hésité ici. Cujas a restreint cette catégorie à quatre contrats : le commodat, le mandat, la gestion d'affaires et la tutelle. D'autres en ont enlevé la tutelle. D'autres encore, comme le scholiaste d'Harménopule sur cette règle, n'ont parlé que du mandat du commodat et de la tutelle. D'autres ont voulu la restreindre au mandat et au commodat. Il en est même qui ont voulu que cette classe de contrats fût composée de la dot, de la tutelle et de la dation d'affaires. Mais cela doit être rejeté parce qu'Ulpien l'a dit lui-même

après son énumération des huit contrats qu'il désigne expressément *in his
quidem et diligentiam.*

Ces huit contrats sont : le mandat,
le commodat, la vente, le gage, le
louage, la dot, la tutelle, la gestion
d'affaires.

Les deux qui ne comportent de responsabilité que pour le dol, la faute
lourde et la faute légère, mais non pour
la faute très-légère, sont la société et la
communauté.

Après cet exposé, Ulpien parle des
conventions particulières qui peuvent
modifier les règles générales.

Et enfin il termine en rappelant que
nul n'est tenu de répondre des cas fortuits.

Cet abrégé, trop court, suffira pour
faire comprendre le système de l'au-

teur, mais non pour donner une idée de sa manière. Cicéron, Plaute, Salluste, tous les classiques, les grecs comme les latins, prêtent leurs richesses à ses commentaires. Les vrais amis de l'étude le savent et fréquentent ses œuvres. Récemment notre confrère et ami, M. Machelard, professeur de droit romain, y a puisé avec grande science pour son étude sur le droit d'accroissement.

Nous nous sommes arrêté au moment où il applique sa doctrine aux différents contrats, nous avons pensé que sa théorie étant devenue la nôtre, nous pouvions nous dispenser de continuer notre abrégé, puisque plus tard nous reprenons les démonstrations de l'auteur, en notre propre nom.

Après ces auteurs principaux, nous

avions pensé inutile de donner l'opinion de Vinnius, mais c'est en général la plus connue et la plus contestée, parce que l'auteur, après avoir exposé la théorie des trois fautes, d'après le scholiaste d'Harménopule sur le l. 6, tit. 2, où on trouve que la diligence peut être très-petite, moyenne ou très-grande, avait présenté des exemples de chaque faute. C'est surtout à propos de ces applications qu'il a été repris ; nous devons donc les donner afin que le lecteur les apprécie. Disons d'abord que l'explication de Vinnius se trouve sur le § 2 *Quibus modis re contrahitur obligatio*, aux Instituts.

—

OPINION DE VINNIUS.

La faute lourde, dit-il, est opposée au moindre degré de diligence, comme

serait l'omission de cette diligence que
tous les hommes ont coutume d'apporter à leurs affaires ; ou bien encore,
il y aurait faute lourde à faire pour la
chose d'autrui ce que personne n'ad-
mettrait pour ses propres affaires. C'est
donc une faute lourde que de ne pas
prévoir, prendre soin, éviter ce que
tous ceux qui sont doués du sens commun savent et comprennent devoir être
prévu, être fait ou être évité. (Ulpien,
lib. 1 *Regularum*, L. 213 § 2 D. *De
verborum signif.*; — Paul, lib. 2 *Sen-
tentiarum*, L. 223, *eodem*. Celsus,
lib. 11 *Digestorum*, L. 32 *Depositi*.
Paul, lib. 5 *De juris et facti ignorantia*, L. 9 § 2 D. *De juris et facti
ignorantia*). Il y a donc faute lourde, si
quelqu'un a laissé ouvertes pendant la
nuit les portes ou les fenêtres d'un édifice, de telle façon qu'on puisse y entrer

de plain pied. Il y aura faute lourde
encore à laisser à l'abandon, dans un
lieu public ou dans un endroit ouvert
à tout le monde, une chose que l'on a
reçue en dépôt; à laisser gâter une
chose qu'on est chargé de vendre; à
jeter sur la voie publique une branche
d'arbre sans avertir les passants du
danger. Vinnius renvoie encore sur ce
point aux lois 8, § ult. et 26, § 3, D.
Mandati, où l'on appelle faute lourde
celle du mandataire qui a accepté d'a-
cheter un esclave, et a laissé un autre
en devenir acquéreur; comme aussi
celle du mandataire qui a reçu de l'argent pour un mandant et ne l'en a pas
avisé.

La faute légère est opposée par Vinnius à la diligence moyenne. C'est cette
diligence que comporte la nature générale des hommes, c'est-à-dire la dili-

gence médiocre, que les hommes d'un soin ordinaire, *vulgo homines frugi,* ont pour leurs affaires. On peut dire que la faute légère se trouve quand un père de famille diligent a commis dans les affaires d'autrui une négligence qu'il ne commettrait pas dans ses affaires. Il ne s'agit donc pas ici du soin qu'a coutume d'avoir un homme très-diligent, mais bien de celui que chacun apporte pour ses propres affaires (Justinien, Instit. *Quibus modis re contrahitur,* § 2; Gaius, lib. 2 *Aureorum,* L. 1 § 4 D. *De oblig. et act.;* Paul, lib. 23 *Ad Edictum,* L. 25 § 16 D. *Familiæ erciscundæ;* Ulpien, *ad Edictum,* L. 1 D. *De tut. et rat. distrah.;* Paul, lib. 7 *Ad Sabinum,* L. 17, D. *De jure dotium;* Gaïus, lib. 2 *Aureorum,* L. 72, D. *Pro socio;* Ulpien, lib. 5 *Disputationum,* L. 22 § 3 D. *Ad S. C. Trebell.*)

10.

Il ne s'agit pas en effet d'un homme qui gérerait trop négligemment ses propres affaires. On considère ici la diligence plutôt *in abstracto* que *in concreto*, en ayant égard à la diligence que communément un bon et diligent père de famille a coutume d'apporter à ses affaires, non à la diligence d'un d'entre ces pères de famille, choisi comme point de comparaison. Ainsi on mesure la diligence sur la règle générale des bons pères de famille, et non sur un cas particulier. (Gaïus, lib. 10 *Ad Edictum prov.*, L. 35 § 4 D. *De contrah. empt.;* Paul, lib. 29 *Ad Edictum*, L. 14 D. *De pignor. act.;* Alfenus Varus, lib. 2 *Digestorum*, L. 11 D. *De peric. et comm. rei vend.*) Pèche donc de la faute légère celui qui, par exemple, n'aura pas fermé des fenêtres trop hautes pour qu'on y entre de plain pied, mais où

les voleurs peuvent s'introduire en se
servant d'échelles. La faute légère se
rencontre encore si un incendie, arrivé
par la faute des domestiques, avait pu
être prévu par la diligence habituelle
d'un bon père de famille.

Ensuite Vinnius compare la faute légère et l'impéritie, et explique que
cette faute se rencontre chaque fois que
le mot faute est placé seul dans une
loi romaine ou bien est opposé au dol.

La faute très-légère est opposée dans
notre auteur à la diligence extrême, à
celle que le plus diligent et le plus attentif des pères de famille apporte à ses
affaires. (Gaius, lib. 18 *Ad Edictum
prov.*, L. 18 *pr.* D. *Commodati;* Gaius,
lib. 2 *Aureorum*, L. 1 § 4 D. *De oblig.
et act.* ; Paul, lib. 5 *Ad Sabinum*, L. 3
D. *De peric. et comm. rei vend.*, § 1,
Instit., *De oblig. quæ quasi ex con-*

tractu.) Vinnius voit encore la faute très-légère dans l'acte retombant sur la chose d'autrui que le plus diligent des pères de famille ne commettrait pas dans ses affaires. Celui qui doit cette faute ne serait pas excusé, d'après lui, s'il avait apporté aux affaires dont il est chargé une diligence pareille à celle qu'il a pour ses propres affaires, si un autre plus soigneux avait pu éviter le dommage ; car cette faute exige la diligence la plus exacte.

Continuant son exemple des fenêtres, il enseigne que la faute très-légère pourra être imputée si quelqu'un n'a pas muni de contrevents ou de grilles les ouvertures qui, donnant sur la voie publique, sont éloignées de l'endroit où l'on couche ordinairement.

Enfin, il oppose à la faute très-légère la garde, *custodia*, et la diligence, *diligentia*, comme le font tous les bons auteurs.

—

TRANSITION.

Peu après Godefroy, ou même sur la fin de sa vie, les études philosophiques prirent un grand développement. Grotius publia son *Droit de la paix et de la guerre;* Puffendorf, son *Droit de la nature et des gens.* La question des fautes y fut abordée succinctement et en mélangeant ensemble, comme Doneau l'avait trop fait, les fautes dérivant des contrats avec celles qui peuvent être qualifiées délits ou quasi-délits.

Cependant, Puffendorf développa le système des trois fautes. Peu de temps après, Thomasius, un de ses disciples, élève en même temps de Wolf, fit imprimer à Hall, en 1705, une dissertation intitulée *De usu practico doctrinæ diffi-cillimæ jur. Rom. de culparum præsta-tione in contractibus.*

Ce traité a, dit-on, toujours fixé la doctrine en Allemagne, et depuis lors il n'y est plus parlé que de deux fautes, les trois y sont proscrites. Mais cette affirmation n'a pas de vérité. Heineccius fut professeur de philosophie à HALL, en 1710; il y fut bientôt professeur de droit, et Heineccius tint pour les trois fautes dans ses *Elementa juris* et dans ses récitations sur les Institutes.

Il s'exprime ainsi dans ses *Elementa juris* :

« 786. *Nimirum uti trium fere gene-rum patresfamilias, quorum quidam, ad rem* ATTENTISSIMI, *oculos centum ha-bent : alii rerum suarum* INCURIOSISSIMI, *nullam rei familiaris curam animum subire patiuntur : alii denique, inter hos*

intermedii FRUGALES, *nec tamen eucliones,
esse solent : ita tres sunt culpæ vel negligentiæ gradus.*

« 787. *Qui enim non adhibent diligentiam , quam solent patresfamilias ad
rem attentissimi culpam* LEVISSIMAM (L.
18, D. *Commod.*); *qui omittunt diligentiam, a frugi patrefamilias adhiberi
solitam,* LEVEM (L. 32, ff. *Depos.*); *qui denique in ea quidem negligentia, qua omnes, etiam dissoluti homines, uti solent,
utuntur ,* LATAM *committere dicuntur*
(L. 213 § 1; L. 223 D. *De verb. sign.;* L.
pen. § 2 D. *De jur. et fact. ignor.*).

Sur le mot LEVEM de ce paragraphe
787, Heineccius a ajouté la note que
voici :

« *Ita levis culpa æstimatur diligentia
qua in rebus suis uti solet quilibet paterfamilias frugi. Et hæc vocatur doctori-
bus culpa levis* IN ABSTRACTO : *si enim*

respicitur ad diligentiam , quali ipse, quo contrahitur, in re sua uti solet, culpa illa levis in concreto vocari solet. Et hanc socius socio præstare tenetur (§ 9 Inst. De societ.) : quia hic sibi socium eligens ejus diligentiam probasse censetur.

Enfin, dans son paragraphe 788, le même auteur réduit son enseignement en cette matière à quelques aphorismes, et voici les termes dont il se sert :

« *Jam et de culpa observanda axiomata :* I. *In contractibus, in quibus penes unum commodum, penes alterum incommodum est, ille ordinarie culpam etiam levissimam, hic non nisi latam præstat* (L. 5 § 2 D. Commod.). II. *Ubi par utriusque contrahentis commodum atque incommodum est, culpa etiam levis ab utroque præstanda est* (L. 5 § 2 D. eod.). III. *Qui sua sponte se con-*

tractui obtulit, vel obligationem suscepit, in qua personæ industria summa requiritur, quamvis solum incommodum sustineat, tamen ad culpam levissimam tenetur (L. 1 § 35 D. *Depos.;* L. 20 Cod. *De neg. gest.;* L. 23 D. *De R. J.;* L. 13, L. 21 Cod. *Mand.*). IV. *Qui alteri rem ultro obtulit, ex qua ei soli commodum obveniat, non nisi latæ culpæ præstationem exigere potest* (L. 8 § 3 D. *Præcar.*).

Dans ses récitations sur les Institutes, Heineccius revient sur ces explications, qu'il confirme en peu de mots.

En France, la doctrine des trois fautes persista de même. Pothier, dans ses différents traités et dans ses *Pandectes*, suivit l'opinion commune. Il s'exprime ainsi dans son *Traité des obligations*, n° 142 :

OPINION DE POTHIER.

Le soin que le débiteur doit apporter à cette conservation est différent, selon la différente nature des contrats ou quasi-contrats d'où l'obligation descend.

La loi 5 § 2 ff. *Commodati* donne cette règle que, lorsque le contrat ne concerne que la seule utilité de celui à qui la chose doit être donnée ou restituée, le débiteur qui s'est obligé à la donner ou restituer, n'est obligé qu'à apporter de la bonne foi à la conservation de la chose, et n'est tenu par conséquent à cet égard que de la faute lourde, qui, à cause de son énormité, tient du dol : *tenetur duntaxat de lata culpa et dolo proxima*. Par exemple, un dépositaire n'est tenu à apporter que de la bonne foi à la conservation du dépôt

qui lui a été confié, et qu'il s'est obligé
de restituer; parce que le contrat de
dépôt se fait pour la seule utilité de
celui qui a confié la chose, et à qui le
dépositaire s'est obligé de la restituer.
Si le contrat concerne l'utilité commune des deux contractants, le débiteur est tenu d'apporter à la conservation de la chose qu'il doit le soin
ordinaire que les personnes prudentes
apportent à leurs affaires; et il est tenu
en conséquence de la faute légère. Par
exemple, le vendeur est tenu de cette
faute, à l'égard de la chose vendue qu'il
s'est obligé de livrer : le créancier est
tenu de cette faute, à l'égard de la chose
reçue en nantissement, à la restitution
de laquelle il s'est obligé; parce que
ces contrats de vente, de nantissement,
se font pour l'utilité respective des contractants. Si le contrat n'est fait que

pour la seule utilité du débiteur, tel qu'est le contrat de prêt à usage, il est obligé à apporter à la conservation de la chose, non-seulement un soin ordinaire, mais tout le soin possible; et il est par conséquent tenu de la faute la plus légère.

Cette règle reçoit néanmoins beaucoup d'exceptions, comme nous le verrons dans les traités particuliers sur les différents contrats, et quasi-contrats.

Un avocat du Parlement de Paris, M. Lebrun, reprit, dans une brochure imprimée en 1764, la thèse de Doneau. Il s'attacha à démontrer que les lois romaines ne pouvaient pas servir de fondement à une division tripartite. Il conclut à la division bipartite et prétendit lever toutes les objections par son système.

Le travail de M. Lebrun a été publié à Paris en 1813 par M. Loyseau, auteur du *Traité des enfants naturels*. Pour faire accepter ce travail probablement, Loyseau l'attribua au savant auteur du *Traité des successions*, qui aurait été un digne rival de Pothier.

M. Lebrun est excessivement tranchant dans ses affirmations. Sa dissertation se recommande surtout par sa forme incisive. Il dit souvent *je soutiens;* mais soutenir n'est pas prouver. Dans la *Thémis*, en 1824, M. Blondeau, qui a, analysé l'œuvre de M. Lebrun dont il approuvait les solutions, y a cependant relevé de nombreuses contradictions. Nous ne nous attacherons pas à cette guerre qu'il serait dans notre droit d'entreprendre; nous aurions le plaisir de réfuter M. Lebrun par M. Blondeau, M. Ducaurroy par M. Ortolan, et ainsi de suite . Nous faisons remarquer que l'un des grands arguments de nos adversaires est tiré de ce que les tenants pour la division tripartite sont en désaccord entre eux, comme s'ils avaient, eux, pu s'accorder sur les conséquences de leur division en deux fautes.

—

OPINION DE M. LEBRUN.

Quoi qu'il en soit, voici les principales raisons de M. Lebrun données par lui-même :

Je soutiens même, dit-il, que la division de la faute *en trois espèces* est trop subtile, pour pouvoir être régulièrement suivie dans la pratique. J'admettrai néanmoins le contraire pour un moment, et je supposerai que la faute légère est un terme moyen entre la faute grossière et la faute très-légère, un milieu également éloigné de ces extrê-mes. En faisant cette seconde supposition, je crois entrer pleinement dans la pensée des interprètes; car toutes leurs expressions annoncent une division exactement compassée, un ouvrage symétrique dans toutes ses parties.

Cela présupposé, je dis qu'il faut nécessairement, ou qu'ils exigent trop, lorsqu'on est responsable, selon eux, de la faute très-légère, ou qu'ils exigent trop peu, lorsqu'on n'est responsable que de la faute légère.

En effet, s'ils demandent au premier cas une prudence, des vues dont la multitude n'est point capable, ils pèchent contre un des premiers principes du droit naturel, qui veut que les lois générales soient à la portée de tout le monde. S'ils supposent au contraire

que la multitude est capable de ces
soins actifs et de ces précautions indus-
trieuses, dont l'omission fait la faute
très-légère, ils donnent atteinte à la
sûreté du commerce; ils ébranlent la
confiance publique et répandent le désordre et la mauvaise foi dans la société.
Car si nous prenons le milieu entre la
plus grande diligence dont le commun
des hommes soit capable, et celle que
les hommes les plus nonchalants et les
plus stupides ont coutume d'avoir pour
leurs intérêts, comme *de ne pas laisser
la nuit leurs portes et leurs fenêtres du
rez-de-chaussée ouvertes*, la moyenne
diligence des interprètes sera bien peu
exacte.

Mais qu'est-il besoin de douter,
tandis qu'ils ont eux-mêmes pris soin
de prévenir tous les doutes? On a vu
l'exemple que Vinnius donne de la faute

légère : « c'est de laisser ouvertes la nuit des fenêtres par lesquelles on ne peut entrer de plain pied dans la maison. » Dès que les voleurs ont besoin d'échelles, la faute cesse d'être grossière.

Il faut pourtant avouer que si cette faute n'est pas grossière, elle est bien près de l'être ; et il est fort singulier que le seul exemple de la faute légère que ce docteur ait imaginée de sa tête, frise tellement cette espèce de faute, que ceux qui auraient des maximes moins relâchées seraient portés à le regarder comme étant de cette espèce. Les interprètes permettent donc à leur diligent père de famille, modèle de la diligence moyenne, un certain degré de nonchalance, à peu près comme la plupart des hommes en ont habituellement, lorsqu'ils ne s'appliquent pas sérieusement à leurs affaires, et qu'ils ne les négligent pas non plus entièrement.

C'est assez réfuter un système vicieux dans son principe et dans toutes ses conséquences. Ceux qui seront curieux de suivre les interprètes dans leurs moindres écarts, le pourront facilement à l'aide des vrais principes de la matière.

—

RÉPLIQUE DE POTHIER.

Pothier, modeste et trop défiant, répondit à M. Lebrun : Dans les différents traités que j'ai donnés des différents contrats et quasi-contrats, j'ai suivi la doctrine commune de tous les interprètes sur la prestation de la faute qui a lieu dans chaque contrat par rapport à la chose qui en fait l'objet. J'ai, en conséquence, distingué trois degrés de fautes ; la faute lourde, la légère et la très-légère.

Suivant cette doctrine, la faute lourde, *lata culpa*, consiste à ne pas apporter aux affaires d'autrui le soin que les personnes les moins soigneuses et les plus stupides ne manquent pas d'apporter à leurs affaires. Cette faute est opposée à la bonne foi.

Levis culpa. La faute légère est celle qui consiste à ne pas apporter à l'affaire d'autrui le soin que le commun des hommes apporte ordinairement à ses affaires. Elle est opposée à la diligence commune.

Enfin, *levissima culpa* est la faute qui consiste à ne pas apporter le soin que les personnes les plus attentives apportent à leurs affaires. Cette faute est opposée à la diligence très-exacte, *exactissima diligentia.*

Pour décider de quelle espèce de faute le débiteur est tenu dans chacun des différents contrats et quasi-contrats, j'ai, suivant la doctrine commune, établi trois principes qui paraissent tirés de la loi 5 § 2 ff. *Commod.*

Le premier est que, dans les contrats qui sont faits pour le seul intérêt du créancier, on n'exige du débiteur que de la bonne foi, et il n'est tenu en conséquence que de la faute lourde. Nous avons, suivant ce principe, décidé dans notre *Traité du contrat de dépôt,* que, dans ce contrat, on n'exige ordinairement du dépositaire que de la bonne foi, et qu'il n'est tenu que de la faute lourde, *de lata culpa.*

Nous avons observé que ce principe souffrait exception, à l'égard du contrat de mandat et du quasi-contrat *negotio-rum gestorum*. Quoiqu'ils soient faits pour le seul intérêt de la partie dont l'autre partie se charge de gérer l'affaire, néanmoins on n'y exige pas seulement de la bonne foi de la part de celui qui l'a gérée et qui en doit rendre compte; mais on exige encore de lui un soin proportionné à la nature de cette affaire. La raison est qu'une gestion d'affaires, qui est la chose qui fait l'objet du contrat *mandati* et du quasi-contrat *negotiorum gestorum*, étant une chose qui par sa nature exige un certain soin, la partie qui se charge de la gestion de l'affaire, est censée se charger d'apporter le soin nécessaire pour cette gestion; *spondet diligentiam gerendo negotio parem*.

Le second principe est que dans les contrats et quasi-contrats qui se font pour l'intérêt réciproque des parties, tels que sont les contrats de vente, de louage, de nantissement, de prêt, de société, et le quasi-contrat de communauté, on exige pour la chose qui fait l'objet du contrat le soin que tout homme sage apporte ordinairement à ses affaires; et qu'en conséquence dans ces contrats le débiteur est tenu de la faute légère.

Le troisième principe est que dans les contrats qui sont faits pour le seul intérêt de la partie qui a reçu, et qui doit rendre la chose qui fait l'objet du contrat, tel qu'est le contrat de prêt à usage, *commodatum*, on exige par rapport à cette chose le soin le plus exact, et le débiteur est tenu de la faute la plus légère.

Nous avons observé que les jurisconsultes romains ne font quelquefois

qu'une division bipartite des contrats ;
savoir, de ceux qui n'exigent dans les
parties contractantes que de la bonne
foi, et de ceux qui exigent un certain
soin plus ou moins grand, selon la nature du contrat. Mais le second membre de cette division étant sujet à une
subdivision de ceux qui n'exigent qu'un
soin ordinaire et de ceux qui exigent
le soin le plus exact, cela revient à la
division tripartite ci-dessus exposée.

Pareillement, les jurisconsultes romains ne font quelquefois qu'une division bipartite des prestations ; savoir,
celle du dol et celle de la faute. La
prestation du dol qui a lieu dans les
contrats qui n'exigent que de la bonne
foi, comprend sous le terme *dolus*, non-
seulement la malice et le dessein de
nuire, mais aussi la faute lourde, *lata
culpa*, comme étant opposée à la bonne

foi requise dans le contrat; et c'est en ce sens que les lois disent que *lata culpa comparatur dolo, lata culpa dolus est.*

Le second membre de la division, qui est la prestation de la faute, comprend les deux autres espèces de fautes, la légère et la plus légère, *levem et levissimam,* sous le terme générique de faute, en tant que ce terme *culpa* est opposé à *dolus,* et en tant que les contrats qui exigent un soin plus ou moins grand, et dans lesquels il y a lieu à la prestation de la faute, sont opposés à ceux qui n'exigent que de la bonne foi, et dans lesquels il n'y a lieu qu'à la prestation du dol. Telle est la division qui se trouve dans la fameuse loi *Contractus,* ff. *De R. J.*

Mais dans cette division bipartite des prestations, le second membre de la division, qui est la prestation de la faute, est sujet à une subdivision ; savoir, de la prestation de la faute légère et de la prestation de la faute la plus légère, de manière que les trois degrés de faute ci-dessus exposés se retrouvent, et la loi 5 § 1 ff. *Commod.*, qui établit trois espèces de prestations, se concilie avec la loi *Contractus*, qui paraît n'en établir que deux.

Telle avait été jusqu'à présent la doctrine unanimement reçue par tous les interprètes des lois romaines, et par les auteurs des traités de droit. C'est la doctrine des Accurse, des Alciat, des Cujas, des Duaren, des d'Avezan, des Vinnius, des Heineccius, et ceux même qui se sont le plus appliqués à combattre les opinions communément reçues, et à proposer des nouveautés, tels qu'Antoine Faber, ne s'en sont jamais écartés. Néanmoins il a paru, en 1764,

12.

une dissertation sur la prestation des
fautes, imprimée à Paris, chez Saugrain, dans laquelle M. Lebrun, avocat
au Parlement de Paris, combat cette
doctrine. Il m'a fait l'honneur de m'en
faire présent : je l'ai lue avec un grand
plaisir, et je suis charmé de trouver
l'occasion de lui en témoigner publiquement ma reconnaissance.

Cet auteur soutient que la doctrine
que nous venons d'exposer est une pure
invention des interprètes, qui n'ont pas
pris le véritable sens des lois. Il prétend
qu'on ne doit pas faire trois degrés
de fautes, ni faire une distinction de la
diligence commune et ordinaire, et de
la diligence très-exacte, ni une différence des contrats qui se font pour l'intérêt réciproque des parties contractantes, *in quibus utriusque contrahentis
vertitur utilitas,* et de ceux qui se font

pour le seul intérêt de la partie débitrice de la restitution de la chose qui fait l'objet du contrat. Il n'y a, selon lui, que deux espèces de diligence, l'une qui se mesure sur celle qu'un homme attentif à ses affaires a coutume d'y apporter, *qualem diligens paterfamilias adhibere solet*, et l'autre qui ne se mesure que sur celle que le débiteur de qui on l'exige a coutume d'apporter à ses propres affaires, *rebus suis consuetam diligentiam*.

Lorsque la chose qui fait l'objet du contrat appartient entièrement, ou est due entièrement à celui à qui le débiteur est tenu de la rendre ou de la donner, le débiteur est, par rapport à cette chose, obligé à la première espèce de diligence, et il n'importe que le contrat ait été fait pour son seul intérêt, ou pour l'intérêt réciproque des

parties ; c'est pourquoi un emprunteur
n'est pas tenu, suivant cet auteur, par
rapport à la chose qui lui a été prêtée,
à une autre diligence que celle à laquelle est tenu un locataire par rapport
à la chose qui lui a été donnée à loyer ;
ils sont tenus l'un et l'autre à la première espèce de diligence, qui est celle
qu'un homme attentif à ses affaires a
coutume d'y apporter : c'est à cette diligence que sont obligés un vendeur
par rapport à la chose vendue qu'il doit
à l'acheteur ; un mandataire, un *negotiorum gestor*, par rapport aux choses
dont ils ont eu l'administration, etc.

Lorsque les choses qui font l'objet
du contrat appartiennent en commun
aux parties contractantes, on ne doit
exiger de chacune des parties, par rapport à la gestion qu'elle a eue desdites
choses, et dont elle doit rendre compte

à l'autre partie, que l'autre espèce de
diligence qui est celle qu'il a coutume
d'apporter à ses propres affaires, *rebus
suis consuetam diligentiam.* Ce n'est que
cette espèce de diligence qu'on exige
du rendant compte dans les actions, *pro
socio, familiæ erciscundæ, et communi
dividundo.*

Tel m'a paru être en substance le
système de la dissertation : l'auteur,
qui m'a paru très-versé dans la connaissance des lois romaines, rapporte dans
cette dissertation toutes celles qui traitent de la matière, et il en donne des
explications très-ingénieuses. Quelque
spécieux que soient les arguments par
lesquels il prétend établir son système,
je n'ai pas été convaincu, et je suis de-
meuré attaché à l'ancienne doctrine que
je ne trouve pas si absurde qu'il vou-
drait le persuader. Je ne vois aucune

absurdité à distinguer trois degrés de
faute, à distinguer la diligence exacte
et la diligence très-exacte ; à se contenter de la première dans les contrats qui
se font pour l'intérêt réciproque des parties, et à exiger la diligence très-exacte
dans le contrat qui a été fait pour le
seul intérêt de la partie de qui on
l'exige. C'est une absurdité, dit l'auteur
du nouveau système, de penser que
dans les contrats qui se font pour l'intérêt réciproque des parties, tel qu'est
le plus grand nombre des contrats, les
lois permettent la négligence par rapport à la chose qui fait l'objet du contrat : or, dit l'auteur, en décidant selon
la doctrine commune, que dans ces
contrats le débiteur n'est tenu que de
la faute légère, et non de la faute très-
légère, c'est permettre dans ces contrats
quelque négligence ; car la faute très-

légère dont on décide que le débiteur n'est pas tenu dans ces contrats, est une négligence qui, pour être très-légère, n'en est pas moins une négligence.

On peut, ce me semble, répondre qu'on ne permet pas la négligence dans les contrats faits pour l'intérêt récipro- que des parties ; mais qu'on estime dans ces contrats la négligence moins rigou- reusement qu'on ne l'estime dans ceux faits pour le seul intérêt du débiteur. Par exemple, dans le contrat de louage, le locataire n'est pas jugé coupable de négligence, lorsqu'il a apporté, pour la conservation de la chose qui lui a été louée, tout le soin que les hommes ont, pour la plupart, coutume d'avoir des choses qui leur appartiennent ; il est cen- sé, en contractant, ne s'être obligé qu'à ce soin ; le locateur qui se fait payer du prix de l'usage qu'il accorde de sa chose, ne doit donc pas être écouté à exiger de lui davantage, ni à vouloir faire regarder comme une négligence de la part de ce locataire, le défaut de quelque prévoyance qui eût pu ne pas échapper à une personne plus attentive qu'on ne l'est communément, et qui eût empêché la perte ou la détérioration de la chose.

Au contraire, dans le contrat de prêt à usage, qui est fait pour le seul intérêt de l'emprunteur, la négligence de l'emprunteur à l'égard de la chose qui lui a été prêtée s'estime dans toute la rigueur : le prêteur qui ne doit pas souffrir du bienfait qu'il a fait à l'emprunteur, en lui accordant gratuitement l'usage de sa chose, a droit d'exiger de lui, pour la conservation de la chose qu'il lui a prêtée, non-seulement le soin ordinaire que le commun des

hommes apporte à la conservation de
son bien, mais tout le soin possible
(eu égard néanmoins à la qualité de la
personne de l'emprunteur). Si l'emprunteur ne se sent pas capable de ce
soin, il ne doit pas emprunter ; c'est
pourquoi on lui impute à négligence,
non-seulement le défaut de soin que le
commun des hommes apporte ordinairement à ses affaires, mais même le
défaut d'une attention ou d'une prévoyance qui n'eût pas échappé aux personnes de la qualité de celle de l'emprunteur qui sont les plus attentives.

Cette manière d'estimer plus ou
moins rigoureusement la faute et la
négligence, suivant la nature des contrats, ne me paraît contenir aucune
absurdité ; elle me paraît au contraire
très-raisonnable, et devoir être suivie,
quand même la loi 5 § 2 ff. *Commod.*

ne s'en serait pas expliquée aussi clairement qu'elle l'a fait.

Je n'entreprendrai point de réfuter les arguments par lesquels l'auteur de la dissertation combat l'ancienne doctrine, et prétend établir la sienne ; cela dégénérerait en une querelle littéraire, dans laquelle je ne veux point entrer. La réponse à ceux qu'il tire des différentes lois rapportées dans sa dissertation, se trouve dans les notes que j'ai faites sur ces lois dans mon ouvrage sur les Pandectes ; je les ai tirées de Cujas et d'autres interprètes de réputation.

J'observerai seulement que si la doctrine commune a ses difficultés, le système de l'auteur n'en est pas exempt. Par exemple, l'auteur dit que la diligence qu'on exige d'un associé dans le compte de la gestion qu'il a eue des affaires communes, ne doit pas se mesurer, comme dans les autres contrats, à celle que le commun des hommes a coutume d'apporter à ses affaires, mais à celle que cet associé apporte à ses propres affaires. Je demande à l'auteur comment, dans la pratique, le juge devant qui cet associé rend son compte, pourra connaître quelle est la diligence que cet associé apporte dans ses propres affaires, pour y mesurer celle qu'il a dû apporter à la gestion dont il rend compte ? Un juge peut bien estimer quelle est la diligence que le commun des hommes apporte à ses affaires, mais il ne peut pas deviner quelle est celle que cet associé, qu'il ne connaît pas, apporte à ses propres affaires ; il présume que c'est celle que le commun des hommes y apporte.

En mesurant, suivant le nouveau système, la diligence dont un associé

est tenu à l'égard de la gestion des affaires communes à celle qu'il apporte à
ses propres affaires, on réduit le contrat de société, et le quasi-contrat de
communauté à la classe de ceux qui
n'exigent rien autre chose que de la
bonne foi; car c'est une chose opposée
à la bonne foi, que de n'avoir pas pour
l'affaire d'autrui le même soin qu'on a
pour les siennes : *Non salvâ fide*, dit la
loi 32 ff. *Depositi*, en parlant d'un dépositaire, *minorem quàm suis rebus
diligentiam præstabit*. Si dans ces contrats le débiteur n'est pas condamnable, pour n'avoir pas apporté à la conservation de la chose qui fait l'objet
du contrat le soin ordinaire que le
commun des hommes apporte à ses
affaires, c'est parce qu'on présume fa-
vorablement que, s'il a été négligent à
l'égard de la chose qui fait l'objet du

contrat, il l'est pareillement à l'égard de celles qui lui appartiennent ; mais lorsqu'il est justifié qu'il a eu pour les choses qui lui appartiennent un soin qu'il n'a pas eu pour la chose qui fait l'objet du contrat ; comme, par exemple, si dans un incendie un dépositaire a sauvé de l'incendie les choses qui lui appartenaient, et a laissé périr celle qui lui a été donnée en dépôt qu'il était également à portée de sauver, il est condamnable, comme ayant manqué à la bonne foi, en n'ayant pas eu, pour la chose qui lui a été donnée en dépôt, le même soin qu'il a eu pour les siennes. Donc, en mesurant la diligence que doit avoir un associé pour les choses qui appartiennent à la société, à celles qu'il a pour les siennes propres, on n'exige pas plus de lui que ce qu'on exige d'un dépositaire.

13.

De cette manière, on met le contrat de société et le quasi-contrat de communauté dans la classe des contrats qui n'exigent que de la bonne foi, *qui dolum duntaxat recipiunt*, ce qui est évidemment opposé à la loi *contractus* 1. 23 ff. *De Reg. Jur.*, qui distingue deux classes de contrats, l'une de ceux qui *dolum duntaxat recipiunt*, dans laquelle elle place le contrat de dépôt; l'autre de ceux qui, outre la bonne foi, exigent encore la diligence par rapport à la chose qui fait l'objet du contrat; et c'est dans cette seconde classe qu'elle place le contrat de société et le quasi-contrat de communauté : *contractus quidam*, dit la loi, *dolum malum duntaxat recipiunt, quidam et dolum et culpam : dolum tantum depositum..... societas et rei communio dolum et culpam recipit.*

Au reste, quoique l'auteur n'ait pu me persuader d'embrasser son système (ce qu'il doit pardonner à un vieillard à qui il n'est pas facile de se départir de ses anciennes idées), je dois cette justice à cette dissertation, qu'elle est très-ingénieuse et très-savante et qu'elle mérite d'être lue par tous ceux qui ont quelque goût pour la jurisprudence.

M. Lebrun ne répondit pas à Pothier.

M. Blondeau (*Thémis*, t. II, p. 329, note 2) a reproché à Pothier de paraître n'avoir pas bien compris le système de Lebrun sur lequel il rejette d'ailleurs la cause de l'erreur. Il nous a paru qu'il était en effet assez difficile de saisir comment il appliquerait ses règles qui se résument en ceci (nous empruntons ses termes) : « L'on ne « peut jamais exiger d'un individu « d'autre diligence que celle dont il

« est capable, mais quelquefois, on
« peut se contenter de la diligence
« qu'il a coutume d'employer dans ses
« propres affaires. »

OPINIONS MODERNES.

Mais, dit M. Blondeau, « les idées de
« Thomasius avaient germé dans les es-
« prits des plus profonds jurisconsul-
« tes, de telle sorte qu'aujourd'hui le
« système des trois degrés de fautes ou
« des trois sortes de diligence a géné-
« ralement fait place à une autre doc-
« trine, qui me paraît s'éloigner fort
« peu de celle de Lebrun, et qui a été
« exposée avec tous les détails désira-
« bles dans un ouvrage considéré
« comme classique dans les univer-
« sités allemandes : *Die culpa des Rœ-*

« *mischen Rechts*, par J. C. Hasse, pro-
« fesseur à Kœnigsberg. »

Nous ne croyons pas à la portée du travail de Thomasius. Pour notre compte nous ne l'avons trouvé cité, par ses contemporains, que dans le *Puffendorf* de Barbeyrac, et en note. Un ouvrage laissant des traces aussi considérables qu'on le dit, aurait fait merveilles en son temps et tous les auteurs se seraient empressés de lui arracher quelque lambeau. Que M. Hasse l'ait connu, nous n'en doutons pas, quoique nous n'ayons pas pu nous procurer la première édition de son travail.

Mais, sans parler de Thomasius, n'y avait-il pas Doneau et M. Lebrun surtout dont le souvenir ne s'est jamais perdu, grâce à la réfutation de Pothier? Ainsi nous trouvons un extrait de son essai dans le *Répertoire* de Merlin, dont la 4e édition fut imprimée en 1812.

J'en demande bien pardon à M. Blondeau ou plutôt à ses disciples, mais le nom de Hasse doit surtout sa publicité à la *Thémis* et à la *Revue de législation*, et sans ces journaux, on n'en parlerait pas plus que de Davezan et tant d'autres dont la plume s'est exercée sur la prestation des fautes.

Nous venons de dire qu'en 1812, le nouveau *Répertoire* donnait un extrait du travail de M. Lebrun; en 1813, M. Loiseau publia de nouveau la dissertation de cet auteur. En 1815 parut celle de M. Hasse. C'est en 1819 que fut créé le journal *la Thémis ou Bibliothèque du jurisconsulte*. Il commença par un article sur l'Allemagne, traduit de l'allemand, et bientôt les publications d'Outre-Rhin lui rendirent ses avances. *La Thémis* avait d'ailleurs un grand mérite. On y remarqua de suite des articles de M. Macarel, de M. Berriat Saint-Prix et de quelques autres bons auteurs qui s'occupaient de science sans trop parler des personnes.

Mais le traité de M. Hasse, l'analyse de M. Blondeau, et plus tard celle de M. Alban d'Hauthuille (*Revue de législation*, t. II, p. 269), comme l'explication de M. Du Caurroy, nous ont démontré, de plus en plus, que le système de Jacques Godefroy, ou des trois fautes, était le seul vrai en droit romain. Tous leurs raisonnements tombent réellement devant les textes.

—

OPINION DE M. HASSE.

(Nous prenons cet extrait sur celui de la *Revue de législation*, t. II,

p. 269 et suiv.) L'auteur n'admet que deux fautes, mais trois prestations. Il ne faut pas rire de cette distinction, elle est faite par lui très-sérieusement : ainsi il enseigne que :

1° On peut n'être responsable que du dol et de la faute lourde, qui consiste dans la négligence de ce que l'homme le moins négligent n'aurait pas négligé.

2° On peut être responsable de la faute légère qui se mesure sur la diligence que le débiteur apporte ordinairement à ses affaires ;

3° Ou de la faute légère, estimée *in abstracto*, et elle est imputée même à celui qui a l'habitude d'en commettre de pareilles dans ses affaires.

Puis il applique ainsi sa théorie.

« 1° On peut se trouver chargé de gérer une affaire comme représentant de la personne d'autrui.

« Cette charge est subie volontaire-
ment ou forcément.

« Dans le premier cas, on est tenu
de toute faute, on est obligé à la diligence du bon père de famille (3e degré
de prestation). C'est ainsi que sont tenus
le mandataire et le gérant d'affaires.

« Dans le second cas, on est tenu de
la faute..... (2e degré de prestation).
Ceci s'applique aux tuteurs et cura-
teurs.

« 2° Il est des cas où on ne représente
point la personne d'autrui, mais où l'on
est chargé d'une surveillance qui est
entièrement dans l'intérêt d'autrui, où
l'on doit conserver une chose qui appartient à autrui, ou qui est destinée
à lui être livrée en entier.

« Si le débiteur a un intérêt au contrat, il est tenu de la faute légère ou de
la diligence *in abstracto* (3e degré de

prestation) ; tels sont : le vendeur, le preneur à bail, le créancier gagiste, l'usufruitier, l'héritier envers les légataires, et à plus forte raison le commodataire.

« S'il n'a pas d'intérêt, il n'est tenu que du dol et de la faute lourde (première prestation). Tels sont : le dépositaire et le fiduciaire.

« 3° Si l'on est chargé de gérer une affaire commune on répond de la faute légère (2ᵉ prestation). Exemple : dans la société, la communauté et même dans la gestion de la dot. »

—

OPINION DE M. DU CAURROY.

M. Du Caurroy a traité des fautes sur le § 9 Inst. *De societate*. Sa dissertation s'étend du § 1066 de son commentaire, jusqu'au § 1074. Le texte qui sert de thème à sa dissertation est ainsi conçu :

« *Socius socio utrùm eo nomine tantùm teneatur pro socio actione, si quid dolo commiserit, sicutis, qui deponi apud se passus est ; an etiam culpæ, id est, desidiæ et negligentiæ nomine , quæsitum est ? Prævaluit tamen, etiam culpæ nomine teneri eum. Culpa autem non ad exactissimam diligentiam dirigenda est. Sufficit enim talem diligentiam communibus rebus adhibere socium, qualem suis rebus adhibere solet. Nam qui parùm diligentem socium sibi adsumit , de se queri, sibique hoc imputare debet.* »

Le dol, dit l'auteur, donne toujours lieu à responsabilité, jamais le cas fortuit ou la force majeure. On répond toujours du dol, et quelquefois de sa faute. Ici l'associé est tenu de la faute s'il n'a pas donné à la chose le soin qu'il a pour ses affaires ; s'il n'a à se reprocher que l'omission qu'il aurait commise pour ses propres choses, il ne peut être recherché. Le commodataire et le *negotiorum gestor* sont dans une autre condition. S'il est possible de trouver un père de famille qui soit plus diligent qu'ils ne l'ont été, ils sont responsables.

Il y a donc deux fautes : l'une qui tient à l'appréciation des qualités, des habitudes personnelles d'un individu, c'est la faute *in concreto*, l'autre indépendante de ces qualités et habitudes, c'est la faute *in abstracto*. Notons que M. Du Caurroy avoue que ces expressions ne se trouvent pas dans les textes.

Après avoir établi cette division, l'auteur traite en détail de chacun des contrats, puis il revient aux textes d'Ulpien, pour s'appesantir sur la loi 5 § 2 D.

Commodati. Il fait à ce sujet remarquer que le commodat n'est pas le seul contrat pour lequel les jurisconsultes aient employé ces mots *et culpam præstandam et diligentiam*.

Puis il arrive à comparer cette loi du titre *Commodati* avec la loi 23 D. *De R. J.*, et il fait remarquer sur cette dernière que les contrats y seraient divisés seulement en deux classes : le mandat, le commodat, la vente, le gage, etc., seraient de la première, et de la seconde, la société et la communauté.

Notons qu'ici il n'est pas parlé par M. Du Caurroy du dépôt ou du commodat fait dans l'intérêt du prêteur. Cette prétérition, dans son énumération, des deux contrats où l'intérêt seul du créancier se présente, nous oblige à dire que la théorie de M. Du Caurroy est incomplète et partant inacceptable.

Il est vrai que, suivant l'auteur, le dépositaire ne répondrait que de son dol, mais qui dit responsabilité pour le dol dit responsabilité pour la faute lourde, et c'est ainsi qu'avec M. Du Caurroy lui-même, nous reconstituerons la théorie des trois fautes :

1° Dépôt : faute lourde;

2° Société et communauté : faute légère;

3° Tous les autres contrats, hors le commodat dans l'intérêt du prêteur : faute très-légère.

Il n'y a donc pas de difficulté sérieuse entre sa théorie et la nôtre, si ce n'est en ce que nous ajoutons le *précaire* au *dépôt* et en ce que nous maintenons les appellations reçues.

OPINION DE M. ORTOLAN.

M. Ortolan a rompu à son tour des lances en faveur de la théorie des deux fautes. Il termine sa dissertation en mettant la faute légère, que ne commettrait pas le père de famille le plus diligent, à la charge : du déposant, du commodataire; des deux parties, dans le gage, la vente, le louage et le mandat. — Il ne fait peser que la faute lourde, que ne commet pas le commun des hommes, ou que le détenteur ne commet pas dans ses affaires (cas qu'il assimile), sur le commodant et le dépositaire, sur les associés ou communistes, sur le mari pour la dot, enfin sur le tuteur et le curateur.

Ce système nous semble encore moins acceptable que le précédent, et

comme il se fonde sur la division en
faute *in concreto* et faute *in abstracto*,
nous en montrerons bientôt le vice.

—

CONCLUSION SUR LE DROIT ROMAIN.

Il y a deux textes principaux, les
seuls où la question ait été abordée
dans sa généralité. Ces deux textes
d'Ulpien se rapportent à la même théorie et parlent de trois degrés de diligence à apporter aux choses, donc il y a
trois degrés au manquement de diligence. Ces trois degrés prennent le nom
de faute et il ne faut pas, comme Doneau, rejeter la faute très-légère pour
en faire la faute légère *in omittendo* ou,
comme M. Du Caurroy, rejeter la faute
très-légère à l'explication de la loi *Aquilia*. S'il s'agissait de raisonner en de-

hors des textes, il faudrait voir si leurs idées sont exactes ; mais ici il importe de suivre la loi qui est précise et déclare qu'il y a trois fautes.

Jacques Godefroy a remarqué avec juste raison que les textes où nous devons prendre nos règles générales sont tirés des Commentaires d'Ulpien sur Sabinus. Le livre 29 de ces commentaires était consacré aux conséquences des contrats ; Ulpien, philosophe et publiciste, s'y était élevé à une grande hauteur de vue par la généralisation des idées et leur application.

C'est là qu'il avait écrit le fragment qui a été pris pour faire la loi 23 du titre *De diversis regulis juris antiqui*, fragment qui contient cette division des contrats en trois catégories distinctes :

1° Dépôt et précaire, recevant la faute lourde ;

2º Société et communauté, recevant la faute légère ;

3º Les autres contrats recevant la faute très-légère.

Tous rendaient responsable du dol ; aucun ne donnait la responsabilité du cas fortuit.

Déjà, dans son commentaire de l'Edit du préteur, Ulpien avait admis une division tripartite, comme l'indique le fragment du livre 28 de cet ouvrage, qui est devenu la loi 5 § 2 D. *Commodati*. Mais ce passage pouvait laisser des doutes, l'enseignement complet ne s'y trouvait pas. Non-seulement il y avait des lacunes dans l'énumération de l'auteur, mais encore il n'est pas possible de concilier les idées qu'il exprime avec celles de la loi 23 *De R. J.* On se rappelle que nous avons signalé ces différences. Ainsi, le précaire n'est pas mentionné dans la loi 5 § 2 *Commodati;* de plus, Ulpien ne met que la faute légère à la charge du débiteur dans la vente, le louage, la dot, comme dans la société, sous le prétexte que les contrats que nous citons ont eu lieu dans l'intérêt des deux parties. Cette théorie a été abandonnée tout à fait dans le livre 29, sur Sabinus, où nous puiserons nos règles et nos exemples.

Pour bien comprendre le système d'Ulpien, il convient de réunir à notre loi 23, où sont nos préceptes généraux, les autres lois qui sont prises aux mêmes livres des commentaires sur Sabinus.

Ceci n'est pas tant pour trouver une explication absolue de notre texte que pour avoir la preuve que, dans ces commentaires, Ulpien s'occupait spécialement de la garde des choses et de la responsabilité qui en devait être la conséquence.

D'abord, nous rencontrons la loi 10 D. *Commodati*, où il est dit que si celui à qui une chose a été livrée pour en user à titre de commodat s'en est servi, il ne sera pas responsable de l'usure arrivée sans sa faute. L'auteur explique que, si le commodat a lieu dans l'intérêt du prêteur, l'emprunteur répond seulement de son dol ; tandis qu'il répond même de sa garde au cas où le commodat est dans son intérêt. De même, si le prêteur envoie un messager pour retirer la chose prêtée, le commodataire ne répondra d'aucun fait, pourvu qu'il ait livré la chose. Il répondra de la faute s'il a choisi le voiturier ou le messager chargé de la remettre. La loi 12, au même titre, se rapporte encore à la perte de la chose dans les mains du messager, et elle adopte les mêmes solutions.

Ulpien avait probablement expliqué la loi 23 D. *De R. J.* par rapport à chaque contrat comme dans les deux textes dont nous venons de nous occuper; malheureusement nous n'avons pas ce travail. Il nous semble qu'après avoir expliqué sa pensée, l'auteur prenait diverses hypothèses et appréciait à la fois la faute et la responsabilité. C'est ce qu'il a fait par rapport au vol, et nous avons quelques-unes de ses décisions, sinon toutes, dans les lois 10, 12 et 14, au titre *De furtis*.

Dans le premier fragment, nous voyons qu'Ulpien accorde l'action de vol à celui qui avait intérêt à n'être pas volé.

Le fragment d'après (l. 12) met l'action en mouvement; il y est décidé que :

Le foulon ou dégraisseur doit sa garde aux vêtements qu'il est chargé de soigner ou nettoyer. S'il est insolvable, l'action de vol appartient au propriétaire de la chose, car celui qui ne peut payer la chose perdue ne court aucun danger dans la perte. Jamais l'action de vol n'appartient au possesseur de mauvaise foi, quoiqu'il soit responsable de la perte. Le créancier, nanti d'un gage, a l'action de vol contre l'étranger et même contre le débiteur qui a donné le gage. Ce dernier a, comme son créancier, l'action de vol contre celui qui a dérobé la chose engagée.

Et la loi 14 complète tout à fait ce que la loi 12 avait commencé, relativement à l'action de vol.

Sans doute, ces détails sont en apparence étrangers à la question des fautes ; mais notre lecteur voudra bien

considérer qu'ils ont cette importance
de prouver qu'Ulpien ne s'était pas contenté d'une sèche nomenclature, brève
comme un oracle et ambiguë comme la
réponse d'une sibylle. Au contraire,
après avoir posé le principe, il en avait
déduit les conséquences, tantôt accep-
tées, tantôt repoussées par Tribonien et
ses collaborateurs ; de telle façon que
la règle générale d'Ulpien avait été longuement développée, mais qu'en ce qui
touche les fautes, les rédacteurs du Digeste ont restreint la citation à une généralité qui embrasse tous les cas en
quelques mots.

Pour en faire comprendre la portée,
peut-être faudrait-il suivre les auteurs
dans leurs diverses applications de la
règle aux contrats particuliers. Ce serait un travail bien fastidieux ; car si les
textes ne se contredisent pas toujours,

cela arrive souvent et plus souvent encore, ils en ont l'apparence. Pour les expliquer un à un, il nous faudrait retomber dans ces discussions de mots tentées par Doneau et ceux de son école, renversées et dominées par le grand jurisconsulte Jacques Godefroy.

Peut-être suffirait-il ici de signaler les difficultés et de maintenir nos affirmations ; mais, reprenant la théorie des fautes après les autres, il convient d'assurer notre opinion par une vérification au moins abrégée.

Nous allons donner les définitions qui nous guideront ensuite dans l'examen que nous ferons des différents contrats. Nous n'avons pas besoin, après ce qui précède, d'appuyer de textes nombreux les différentes solutions qui vont suivre, puisque déjà la plupart des textes ont été indiqués par les auteurs dont nous avons donné des extraits.

—

GÉNÉRALITÉS.

Prestation : *Præstatio, solutio*. C'est la responsabilité, la conséquence, la réparation du dommage que la faute met à la charge du gardien de la chose. En ce sens, le paiement d'une indemnité étant la conséquence de la faute, on doit tenir qu'en cette matière comme en beaucoup d'autres, *præstare* veut dire *solvere* et *præstatio* équivaut à *solutio*. Du reste, *præstatio* est encore dit pour *periculum*, et réciproquement (V. infrà *periculum*).

Faute, *culpa*, s'entend d'un fait ou d'une négligence qui, sans droit et sans volonté de nuire, cause un préjudice à autrui. C'est ainsi que l'ont entendu tous les auteurs, et tous ont été de cet avis que, s'il y avait volonté de nuire, il ne fallait plus parler de simple faute, mais de dol.

C'est un fait de commission ou d'omission, non prémédité, sans droit, par lequel on cause un dommage. Nous répéterons ici que la faute dont nous nous occupons est celle qui a été commise dans l'exécution des contrats.

Ajoutons à ce que nous avons dit que la faute lourde se distingue du crime et n'emporte pas note d'infamie ou l'application d'une peine. Elle est assimilée au dol pour la responsabilité seulement, jamais quant à la responsabilité devant les tribunaux criminels. C'est ce qui explique la glose de la loi *In actionibus* du titre *De in litem jurando*.

Dol. Le *dol*, que les Latins appelaient *dolus malus*, le plus souvent *dolus*, *fraus*, *mala fides*, part toujours d'une intention précise et se distingue par là de la faute dont nous nous occupons. C'est pourquoi, dans la définition latine du dol, on a réuni ces trois expressions: ruse, tromperie, machination (Ulpien, l. 11 sur l'édit, l. 1 § 2 D. *De dolo malo*). On nous permettra de rappeler les termes mêmes de cette définition que le jurisconsulte Labéon avait donnée : *Dolum malum esse* OMNEM CALLIDITATEM, FALLACIAM, MACHINATIONEM, AD CIRCUMVENIENDUM, FALLENDUM, DECIPIENDUM ALTERUM ADHIBITAM.

C'est pourquoi il y a dol quand on s'est étudié à mal faire, quand on a agi malicieusement, par inimitié, par faveur injuste ou par avarice (Ulpien, l. 35 *Ad edictum*, l. 7 § 2 D. *De ad-*

ministratione tut.; Ulpien, l. 21 *Ad edictum*, l. 15 D. *De judiciis*), par passion (Marcianus, l. 14 *Institutionum*, l. 11 D. *De incend.*). Il est inutile d'ajouter que l'action de dol est infamante, que la plupart du temps il peut être poursuivi comme un délit ou un crime; ainsi Gaius (l. 2 *Aureorum*) a dit: *in doli crimine* (l. 1 § 7 *De obligat. et action.*). « Dans tous les contrats, on répond nécessairement de son dol; aucune convention n'en décharge les parties. La faute, au contraire, peut toujours être remise, même d'avance. Sans en aller chercher de plus longues preuves, nous citerons notre l. 23 D. *De regulis juris*, dans laquelle Ulpien rapporte l'opinion de Celse, d'après laquelle on pouvait renoncer aux actions résultant de la faute, mais non à celles résultant du dol. La faute est donc un manque par indo-

lence, *desidia ;* par négligence, *negligentia* (Gaius, 1. 2 *Aureorum,* 1. 72 D. *Pro
socio ;* Justinien, Inst. *Quib. mod. re
contrah., § penult.*). Cette imprudence,
sottise, faiblesse, négligence, indolence,
se révèle en faisant ou en ne faisant pas
(Paul, 1. 17 *Ad Plautium,* 1. 91 *proœm.*
D. *De verb. obligat.*). On voit par là
qu'il n'y a pas de faute par fourberie,
versutia, et que toute faute vient de faiblesse ou de défaut de soin; tandis que
le dol vient, au contraire, d'un dessein
prémédité. Lors donc que l'on trouve
dans les textes que la faute est un dol
ou l'équivalent d'un dol, cela s'entend
de la responsabilité qu'encourt l'auteur
de la faute, sans qu'il soit possible d'assimiler un cas avec l'autre.

Sans droit, *injuria.* Il est évident
que si, par l'exercice d'un droit, mais
sans négliger les droits d'autrui, on

vient à causer un préjudice à autrui, on n'en est pas responsable : *Vigilantibus non dormientibus jura subveniunt.* Ajoutons qu'en ce qui concerne la garde de chose en vertu d'un contrat, il n'y a guère possibilité de trouver l'application de cette règle. Les exemples cités par les auteurs à ce propos le démontrent complétement, puisqu'ils supposent toujours des quasi-délits : par exemple, le cas d'un homme qui, coupant une branche d'arbre au milieu de son champ, blesserait un imprudent qui, sans aucun droit et sans y prendre garde, serait venu chercher le danger. Néanmoins, il faut maintenir la règle que celui qui agit en vertu de son droit n'est tenu d'aucune responsabilité; *qui jure utitur, non injurià fecisse videtur.* (Principe tiré de diverses lois. V. not. l. 4 Cod. *ad leg. Jul., De adult.*)

Faute lourde, *culpa lata, latior, latissima.* La plupart des textes parlent de la faute lourde comme d'un dol. Nous venons de marquer les différences qui les séparent.

Le dol étant plus grave que la faute, comme la faute lourde, *lata culpa*, est réputée avoir les mêmes effets que le dol, il n'y a pas de distinction à faire entre cette faute, *lata culpa*, et la faute appelée en certains endroits *latior* et *latissima*. Par conséquent, les mots *lata culpa* comprennent les cas les plus graves, et c'est à tort que, sur la fameuse loi *Quod Nerva* D. *Depositi,* où se rencontre le mot *latiorem*, Bartole a cru pouvoir faire cinq fautes, tandis que, sur la l. 5 § 2 D. *Commodati*, il avait parfaitement établi la division tripartite, comme nous l'avons dit au début de cette étude.

La faute lourde consiste à manquer au sens commun. Paul, au livre second de ses Sentences, la définit : *Latæ culpæ finis est, non intelligere id quod omnes intelligunt* (l. 223 D. *De verb. sign.*). C'est donc commettre cette faute que de manquer à la diligence que tous les hommes doivent avoir par leur intelligence naturelle, sans que, pour connaître la faute que l'on allait commettre, il ait été besoin d'une étude ou d'un soin particulier. Ainsi, nul n'était admis à prétendre, chez les Romains, qu'il avait ignoré ce qui avait été publié et affiché (Ulpien, l. 28 *Ad edictum*, lib. 11 § 3 *De instit. act.*). Le même auteur, au livre de ses règles, disait encore : *Lata culpa est nimia negligentia, id est non intelligere, quod omnes intelligunt.* Ulpien, dans son lib. 18, sur la loi *Jul. et Papp.*, disait aussi que l'on ne pouvait tolérer la négligence crasse, ce qui évidemment se rapporte à la faute lourde (l. 9 D. *De juris et facti ignor.*).

Ajoutons, avec Doneau, que la faute lourde est parfaitement indiquée par ces mots *lata culpa*. Elle se rencontre quand, dans les lois romaines, on parle de *negligentia crassa*, autrement *negligentia fatua, supina*, ou encore *magna negligentia, summa negligentia, summa ignorantia, dissoluta negligentia*. Enfin terminons en rappelant que l'action civile dérivant de cette faute donne lieu à la même réparation que le dol, comme le dit Gaius au livre second *Aureorum : Magnam tamen negligentiam placuit in doli crimine cadere* (l. 1 § 5 *in fin.* D. *De obl. et act.*). Et Paul a pu écrire au livre 1er de ses manuels : *Magna negligentia culpa est, magna culpa dolus est* (l. 226 D. *De V. S.*); ce qu'il faut entendre de ce qui concerne les réparations civiles, jamais d'une accusation criminelle, suivant l'observation que nous avons faite plus haut.

Nous rejetterons toute distinction entre la faute lourde par commission, qui serait plus près du dol, et la faute lourde par omission, qui en serait seulement près. Aucune loi romaine ne nous a paru autoriser cette distinction, quoique on puisse se prévaloir, pour la faire, de l'opinion de Proculus cité dans la fameuse loi *Quod Nerva*. Mais, depuis Bartole, la question n'a pas été agitée : il n'y a qu'une faute lourde, qui peut être faute lourde *in omittendo*, comme elle est faute lourde *in committendo*.

LA FAUTE LÉGÈRE, *culpa levis*, est celle que commet un homme qui n'apporte pas aux affaires d'autrui le soin qu'il a pour les siennes. On dit encore qu'il

y a faute légère, quand on a manqué à
la diligence que comporte la nature des
hommes, c'est-à-dire la nature des hommes qui sont chargés de la conservation
de la chose. Cette dernière expression,
employée par les jurisconsultes les plus
accrédités et qui leur vient de quelques
textes, peut présenter une amphibo-
logie. En effet, nous avons dit : Il y a
faute lourde à ne pas savoir ce que tout
le monde doit savoir; ce qui se réfère
à la nature de tous les hommes, tandis
que, dans la faute légère, il s'agit de la
nature propre du contractant, du soin
qu'il a naturellement pour ses propres
affaires.

C'est en ce sens que Scœvola, au livre
premier de ses questions, a dit : *Res-
piciendum enim esse, an, quantum in na-
turâ hominum sit, possit scire eam debi-
tum iri* (l. 38 D. *De reb. cred.*). Ainsi,

pour le second degré de faute, il ne s'agit pas du soin qu'indique le sens commun. C'est la diligence ainsi désignée par Paul au livre 23 sur l'édit : *Talem igitur diligentiam præstare debet, qualem in suis rebus* (l. 25 § 16 *in fin. D. Famil. ercisc.*). C'est la diligence vulgaire, et non celle d'un père de famille diligent, dont le manquement emporte ce que l'on désigne ordinairement sous le mot de faute (Ulpien, l. 5 § 2 D. *Commodati;* le même, livre 61, *Ad edictum*, l. 8 § 3 D. *De reb. auctor.;* le même, livre 62, sur l'édit, l. 9 § 5 *eodem*). Nous pourrions énumérer un plus grand nombre de lois pour confirmer cette opinion. Disons donc que la faute légère, que l'on appelle spécialement la faute, surtout quand on l'oppose au dol, est le manque de la diligence que l'on apporte ordinairement dans la garde de sa fortune. Le scoliaste d'Harménopule, avec juste raison, a nommé la diligence dont nous parlons diligence moyenne. Quelques interprètes du droit ont refusé d'admettre cette explication, parce que le soin que nous demandons ici a paru être celui dont le défaut constituait la faute lourde d'après la loi 32 D. *Depositi*. Cette fameuse loi *Quod Nerva* est une de celles que l'on a appelées avec raison *crux jurisconsultorum*. Nous ne nous chargeons pas de dire que le *Corpus juris civilis* ne renferme pas de contradictions; par conséquent, nous persisterons à distinguer l'erreur grossière, qui prouve un manque de sens commun, de celle qui prouve simplement une négligence répréhensible pour la chose d'autrui, quand c'est la même dont on se rend ordinairement coupa-

ble pour ses affaires. Quelques jurisconsultes, faisant la division des fautes
en faute très-grave, faute grave et
faute légère, ont appelé faute grave la
faute moyenne. Mais cette dénomina-
tion n'est pas autorisée par les lois romaines, comme nous l'avons indiqué
avec la critique de Doneau en ce qui
touche la *culpa lata* ou *latior* (s. p. 37).

FAUTE TRÈS-LÉGÈRE, *culpa levissima.*
Le lecteur se rappelle que les mots
levissima culpa ne se rencontrent jamais
dans les livres du droit romain à propos des contrats. Il sait que ces expressions sont tirées de la loi 44 D. *Ad leg.
Aquil.* Ce fragment, emprunté au livre
42 d'Ulpien sur Sabinus, est ainsi conçu:
In lege Aquiliâ et levissima culpa venit.
Quoi qu'il en soit, on a adopté cette
expression pour rendre la pensée d'un
troisième degré de faute. Nous avons

vu le manquement au sens commun, faute lourde; le manquement aux soins que l'on a pour ses affaires, faute légère; toutes les dénégations n'empêcheront pas qu'il n'y ait un degré de faute en dehors, auquel répond la diligence très-exacte (Gaius, lib. 2 *Aureorum*, l. 1 § 4 D. *De oblig. et action.*). On en sera d'autant plus convaincu que Justinien, dans ses Institutes, dit : *Placuit sufficere, si ad eam rem custodiendam, exactam diligentiam adhibeat.* Enfin Paul, dans le livre 5 sur Sabinus, exige du vendeur : *ut diligentiam præstet exactiorem, quam in suis rebus adhiberet.*

Celui qui était coupable de la faute très-légère était le débiteur qui n'avait pas apporté le soin que le père de famille le plus diligent doit à ses affaires : *Quæ diligentissimus quisque obser-*

valurus fuisset (Gaius, lib. 10 *Ad edict. prov.*, 1. 25 § 7, D. *Loc.*).

FAUTE ABSTRAITE, FAUTE CONCRÈTE, *culpa in abstracto, culpa in concreto.* Ces expressions, inventées par les interprètes, se rapportent assez bien aux caractères que nous admettons pour différencier les fautes légères et les très-légères; seulement, cette division est peu satisfaisante. D'abord, elle est contraire aux deux textes d'Ulpien, où se trouvent trois fautes et non deux; ensuite, elle s'éloigne de toutes les idées reçues. Ainsi, on veut mettre, par exemple, le dépôt dans une des deux divisions, et il se rencontre des textes pour le reporter dans l'autre. Il en est de même de la société, de la tutelle, et de la plupart des contrats : ce qui prouve une fois de plus qu'il est inutile de chercher à mieux faire que le législateur, lorsque l'on veut se borner à donner l'interprétation de son œuvre. En effet, le dépositaire doit, suivant un texte, au dépôt le soin qu'il a pour ses affaires (l. 32 D. *Depositi*), et le tuteur et l'associé ont la même obligation (l. 1 pr. D. *De tut. et rat. distr.*; l. 72 D. *Pro socio*). Or, les divers auteurs que nous avons énumérés mettent la prestation de la faute pour le dépôt dans une autre catégorie que la prestation de la faute dans les autres contrats. La division en faute abstraite et en faute concrète est donc contraire au droit, et comme ces fautes ne sont pas dans les textes, il faut les rejeter.

Diligence, *diligentia*. Il y a, d'après ce qui précède, deux diligences : celle que l'on peut avoir pour ses propres affaires : c'est celle que les interprètes ont appelée *in concreto* et dont le défaut constitue la faute légère; puis la diligence du père de famille diligent, plus diligent ou très-diligent, à laquelle on ne peut manquer sans commettre la faute très-légère. Cette diligence est requise toutes les fois que les lois romaines, après avoir exigé la prestation du dol, ce qui s'entend de la faute lourde, de la faute, *culpa*, ce qui s'entend de la faute légère, ajoutent : *et diligentia,* ou bien encore : *venire diligentiam.* Ulpien, dans son livre 22 sur Sabinus, nous donne un exemple remarquable de cette triple prestation et du sens que nous attachons au mot *diligentia :* *Non solùm ea quæ dolo proxima sit, verum etiam quæ levis est : an numquid et diligentia quoque exigenda est* (l. 47 § 5 D. *De leg.* 1°). On peut encore citer Paul dans son livre 7 sur Sabinus, quoique le texte soit moins topique ; mais il y parle du dol, de la faute et de la diligence (l. 17 D. *De jure dotium*). Enfin Gaius, dans son livre 2 *Aureorum* ou *cottidianarum rerum*, parle de cette diligence extrême que la perte fatale peut seule excuser (l. 2 § 1 D. *De periculo rei venditæ*).

PATERFAMILIAS DILIGENS, DILIGENTIOR, DILIGENTISSIMUS. Ce que nous avons dit précédemment nous dispense d'entrer dans des explications sur le père de famille diligent, c'est-à-dire celui qui soigne bien ses affaires et dont on considère les actions *in abstracto*. C'est celui qui gère bien, et qu'il ne faut pas considérer cependant comme un phénix, mais à qui on peut demander de prévoir tout ce qu'il est humainement possible d'empêcher. On l'appelle l'homme aux cent yeux, *totus oculeus*, comme l'homme de la fable de Phèdre.

NÉGLIGENCE , *negligentia*, *desidia*, *ignavia*, *segnities*. Toute négligence n'est pas condamnable; car si je vois un individu qui va commettre un méfait, je ne suis pas tenu de l'en empêcher. Paul, lib. 49 sur l'édit, est même d'avis qu'il n'y a pas faute à savoir et ne pas empêcher (l. 50 D. *De R. J.*). Et Pomponius, en son livre 27 sur Sabinus, enseignait qu'il y a toujours faute à se mêler des affaires d'autrui (l. 36 D. *De R. J.*). La *négligence* considérée en matière de faute est donc le contraire de la diligence prescrite; de sorte que, comme il y a différentes sortes de diligence, il doit y avoir divers degrés de négligence. Du reste, l'emploi du mot *négligence* sous-entend qu'il y a faute et que réparation est due.

GARDE, *custodia*. Ce mot, comme celui de diligence, peut être modifié par les expressions qui l'entourent. Il peut signifier, comme le dit Ulpien dans son livre 29 sur Sabinus, toute espèce de diligence, et se rapporter à la prestation des trois fautes (l. 14 D. *De furtis*). On peut l'entendre de cette diligence seulement opposée au dol. Mais nous tenons que, quand il y a le mot *custodia* opposé au dol, à la faute, à la force majeure, il signifie un soin particulier dont le défaut entraîne la responsabilité de la faute très-légère (Dioclet. et Maxim., l. 19 C. *De pignor. et hypoth.*). C'est encore ce qu'enseigne Ulpien, livre 38 sur l'édit (l. 13 § 1 D. *De pignor. acti.*). Ainsi *custodia* pris seul s'entend d'ordinaire comme *diligentia*.

Péril, *periculum*. Cette expression revient souvent dans notre matière; elle y revient avec des sens divers.

Peut-être devrions-nous nous en expliquer ici en détail; mais nous en avons dit suffisamment à la fin de l'analyse que nous avons donnée du travail de Jacques Godefroy (*suprà*, p. 94).

CAS FORTUIT, FORCE MAJEURE, PERTE FATALE, FORCE DIVINE, *fatale damnum, casus fortuitus, vis divina*. On peut se charger du cas fortuit; autrement, et sans convention expresse, on n'en est pas tenu dans les contrats. Ulpien, dans le livre 3 des *Opinions*, a défini le cas fortuit celui qu'aucune prévision humaine ne pouvait apercevoir : *fortuitos casus nullum humanum consilium providere potest* (l. 2 § 7 D. *De admin. rerum*). Et Gaius, dans son livre 18 sur l'édit provincial : *casus quibus resisti non possit*. Denis Godefroy, dans ses notes sur la loi 78, § 3, D. *De contrah. emptione*, a dit encore que le cas

fortuit était *inopinatus, non ex consue-
tudine eveniens*. Aux expressions que
nous avons employées pour le désigner
on peut ajouter le mot *fortuna*, qui se
trouve dans les lois romaines et que
nous avons conservé dans notre jurisprudence où il est question de la fortune de mer.

Intérêt des parties. Nous croyons
que la théorie de la loi 5, § 2, D. *Commodati*, doit être expliquée comme il
suit pour être applicable avec les principes de la loi 23, D. *De R. J.* :

1° Il y a intérêt du créancier seulement dans le *dépôt* et dans le *précaire;*

2° L'intérêt des deux est la cause de
sa garde dans la *société* et la *communauté;*

3° Enfin l'intérêt seul du débiteur
l'a engagé dans tous les autres contrats.

C'est pourquoi au premier cas, on ne

répond que du dol et de la faute lourde;

De la faute légère, dans le second;

Et de la faute très-légère, dans le troisième.

*Contrats où l'on ne répond que de la
faute lourde.*

1. DÉPÔT. Ce contrat ne reçoit que
le dol (lois mosaïques et romaines,
tit. 9, ch. 2, et ch. 5). C'est ce qu'enseignent encore Ulpien, dans ses livres
28 et 30 sur l'édit (l. 17 § 2 D. *De
præscript. verb.* ; L. 5 § 2 D. *commod.;*
l. 1 § 8 et 47 *Depositi*); Paul, dans ses
livres 18 et 31 sur l'édit (l. 13 § 1
l. 20 *Dépos.*); Africain, au livre 7 de
ses Questions (l. 16, *eod.*); Celse, au
livre 11 de ses Digestes (l. 32, *eod.*);
Ulpien encore dans ses livres sur Sabinus (l. 14 § 3 D. *De furt.*).

Il reçoit le dol et la faute lourde (l. 1, *eod. Depos.*).

Et Gaius, dans ses livres intitulés Aureorum, ajoute dans ce sens, en parlant du dépositaire : Et s'il a perdu par sa négligence la chose qui lui était confiée, il ne doit pas être inquiété (l. 1 § 5 D. *De oblig. et act.*).

Comme le dit Théophile, il ne répond pas de sa faute, ou, comme le disent les Institutes, il ne répond pas de sa garde, *custodia* (§ 17, *De oblig. quæ ex delict.*).

Mais ce mot *custodia* a ici un sens précis et veut dire *diligentia;* nous l'avons déjà montré, on doit le comprendre d'autant mieux que la garde, *custodia*, est de l'essence du dépôt, contrat dans lequel les obligations du dépositaire consistent à garder et à rendre.

Insistons sur la faute lourde, dont

17.

répond le dépositaire. Celse indique la faute plus lourde, *latiorem* (l. 32 D. *Depositi*); ce que Gaius appelle une grande négligence, *magnam negligentiam* (l. 1 § 5 *De oblig. et act.*).

Enfin le dépositaire ne répond pas de sa nonchalance ou de sa négligence (§ 3 Inst. *Quib. mod. re contrah.*).

2. LE PRÉCAIRE. Le précaire est un contrat par lequel une personne a prêté à une autre, qui le lui demandait, mais sous la condition de reprendre la chose prêtée à volonté (Ulpien, l. 1 D. *De precario*). Le dol seul y rend le débiteur responsable (Ulpien, l. 23 D. *De R. J.*, fragment, comme nous l'avons dit, emprunté au livre 29 des commentaires de l'auteur sur Sabinus). Mais, par ce dol, il faut comprendre le dol et la faute lourde (Ulpien, livre 71 sur l'édit, l. 8 § 3, 5 et 6 D. *De precario*).

Et c'est en ce sens qu'il faut entendre la faute dont parle le même Ulpien, l. 14 § 11 D. *De furtis.*

C'est que le précaire est une espèce de donation révocable à la volonté du donateur.

Contrats où l'on répond de la faute lourde et de la faute légère, mais non de la faute très-légère.

1. LA SOCIÉTÉ. Ici nous avons notre texte qui ne laisse aucun doute. Si on le néglige, on en trouvera d'autres, pour enseigner que la société comprend le dol, la faute, la garde, la diligence; qu'on y répond de sa négligence et de sa nonchalance.

Cependant Gaius a essayé d'arranger cette discordance. Ecoutez-le et vous saurez que l'associé est tenu vis-à-vis de

son co-associé de sa faute, ce qui veut
dire de sa nonchalance et de sa négligence. Mais, dit-il, il ne faut pas pous-
ser la responsabilité de la faute jusqu'à
la très-exacte diligence; il suffit que
l'associé donne la surveillance qu'il a
pour ses propres affaires; car qui prend
un associé peu diligent doit se plaindre
de lui-même (Gaius, lib. 2 *Aureorum*,
l. 72 D. *Pro socio*). Et c'est ce que
confirme d'une manière expresse le § 9
Inst. *De societ.*

2. COMMUNAUTÉ. C'est une société qui
se forme par la chose et sans la volonté:
c'est pour cela qu'on la nomme une
société nécessaire ou involontaire; c'est
un quasi-contrat. Ici, comme pour la
société, nous avons un texte précieux,
qui exclut la faute très-légère. C'est la
loi 25 § 16 D. *Famil. ercisc.*, ainsi conçue : *Non tantùm dolum, sed et culpam*

*in re hereditariâ prœstare debet cohœres;
quoniam cum cohœrede non contrahimus,
sed incidimus in eum : non tamen diligentiam prœstare debet, qualem diligens
paterfamilias ; quoniam hic propter
suam partem causam habuit gerendi : et
ideò negotiorum gestorum ei actio non
competit. Talem igitur diligentiam prœstare debet, qualem in suis rebus. Eadem
sunt, si duobus res legata sit : nam et
hos conjunxit ad societatem non consen-
sus, sed res* (Paul, lib. 23 *ad edit.*).

Ainsi, quand nous trouvons (Ulpien,
lib. 19 *Ad edict.*, l. 16 § 4 *Famil.
ercisc.*) que le dol et la faute engen-
drent la responsabilité, à l'occasion de
la communauté d'intérêts, on doit dire
qu'il s'agit de la faute lourde et de la
faute légère.

Quels contrats reçoivent la faute très-légère.

Il y en a huit, d'après ce texte de la loi 23 D. *De R. J.*, où il est dit : *In his quidem et diligentiam.* Les interprètes ont quelquefois critiqué cette leçon et tiré des inductions des diverses manières qu'ils employaient pour changer le texte, altéré par la Vulgate. Mais comme l'ont noté les bons auteurs et comme le dit M. Lebrun lui-même, les Basiliques donnent en grec la version que nous avons acceptée. Or, cette traduction justifie notre choix, et nous sommes autorisé à dire que, pour les huit contrats dont nous allons parler, le débiteur répond de la faute légère.

1. LE MANDAT. Ce contrat a donné lieu à de nombreuses controverses. On

a dit que c'était un contrat de bienfaisance. Pothier lui a donné ce nom et ne l'a pas fait sans y être autorisé par ses devanciers. Si l'on se basait là-dessus, il faudrait écarter la responsabilité de la faute légère, ou du moins de la faute très-légère, car le contrat a lieu dans l'intérêt seul du mandant.

On a répondu que le mandataire allait souvent au-devant du mandat; que du reste il était libre de l'accepter ou répudier, et que, l'acceptant, il devait s'y porter de tout cœur, *præstare fidem* : ce mot est celui de Cicéron. Le poëte comique dit encore : *Rei mandatæ omnes sapientes primum præverti decet.* Or, cette dernière expression *præverti* indique que le mandataire doit tout abandonner pour sauver ce qui a été mis entre ses mains, confié à sa fidélité.

Ajoutons encore que le mandataire

ne recevait pas le prix de ses soins, *pretium*, *merces*, mais qu'il pouvait parfois réclamer un salaire, *salarium*, et plus souvent encore un honoraire. L'*honorarium* ou *honos* des Latins ne s'entendait pas de vaines formules d'actions de grâces. C'étaient, s'il s'agissait des dieux, de belles et bonnes offrandes; s'il s'agissait de mandataires, des sommes d'argent évaluées par le préteur ou les magistrats de son rang (Championnière, *Propriété des eaux courantes*).

L'édile statuait sur le louage des services; le mandat était réservé au magistrat supérieur, qui statuait sans juré, extraordinairement.

Ces raisons, loin du temps, hors de la civilisation qui a vu les lois dont nous parlons, ont une valeur équivoque. Restent les textes; mais ceux-ci paraissent se combattre comme les raisons théoriques. Cependant (sans en tirer un grand parti à cause des priviléges du trésor), il faut remarquer que le mandataire du fisc répondait de toute faute (Callistrate, l. 3 § 5 D. *De jure fisci*).

Mais les empereurs Dioclétien et Maximin, consultés sans doute parce que la question était difficile, répondirent : *A procuratore dolum et omnem culpam, non etiam improvisum casum præstandum esse, juris auctoritate manifeste declaratur* (l. 13 Cod. *Mandati*).

Et nous voyons dans la loi 21, au même titre, que Constantin décida de même, en faisant observer quelle différence était mise entre gérer ses affaires ou celles d'autrui. Autant on est libre de négliger ses affaires, autant on est obligé de surveiller celles dont on s'est chargé pour un autre. On doit, pour celles-ci, ne rien négliger, sous peine d'être responsable. Tel est le sens de la décision de l'empereur.

Maintenant, il est certain que l'on peut tirer des arguments contre notre opinion de divers fragments du *Corpus juris*. Il nous suffit d'avoir montré que l'interprétation générale et dernière tranchait les controverses pour la responsabilité de toute faute.

D'ailleurs Ulpien, dans la loi 3 § *ult.* D. *Mandati,* ne semble pas contraire en disant : *Si dolus nec culpa intervenit, non teneberis;* ce que répète à peu près la loi 11 Cod. *Mandati,* etc., empruntée à Dioclétien et Maximin.

Si Ulpien, en la loi 10 *Mandati,* n'exige que la bonne foi, il faut savoir que c'est en manquer dans le mandat que de commettre une faute très-légère. Notre auteur ajoute, en la loi 29, que le mandataire répond de la négligence grossière, *negligentia dissoluta;* c'est encore une négligence à considérer par rapport au contrat spécial dont il s'agit.

Enfin, on invoque la loi 5 § 4 D. *De præscript. verb.*, où, comme l'a dit Cujas, il s'agit plutôt d'un dépôt que d'un mandat.

Répétons encore que, sans vouloir se perdre à relever ces contradictions, les lois 13 et 21 Cod. *Mandati* ont mis la faute très-légère sur le compte du mandataire.

2. Commodat. Le commodat ou prêt à usage est fait, en général, dans l'intérêt seul de celui qui emprunte. Aussi répond-il de toute faute. C'est la décision, suivant nous, de la loi 23 *De R. J.* Ce texte n'est d'ailleurs pas isolé. Ulpien, dans la loi 5 *Commodati*, copiée au commencement de cette étude, a

encore expliqué que le commodataire devait répondre du dol, de la faute et de la négligence. De même, dans le livre 38 de son commentaire sur l'édit , il dit que le gage rend le gagiste responsable de sa faute et de sa négligence, comme dans le commodat. D'ailleurs dans son livre 29 sur Sabinus, d'où est tirée la loi 23 *De J. R.*, Ulpien est encore revenu sur cette idée que la garde diligente, *custodia,* incombait au commodataire (l. 14 § 10 et § 15 D. *De furtis*). C'est une garde diligente, *custodia diligens*, dit-il encore l. 5 § 5 D. *Commodati ;* ou, comme dit Paul dans ses Sentences, lib. 2 c. 5, la garde et la diligence, *custodia et diligentia ;* plus exacte que pour ses propres affaires, ajoute-t-il, *custodia et diligentia exactior quam in rebus suis* (l. 3 D. *De peric. et commod. rei vend.*).

Enfin Gaius employait à ce propos, dans son livre *Aureorum*, l'expression *custodia exactissima* (l. 1 § 4 D. *De obl. et act.*); d'une signification pareille à celle de *exacta diligentia*, employée par les Instltutes (§ 2 *Quib. mod. re contrah.*) . Et la diligence requise d'après le même Gaius, en son livre 18 sur l'édit provincial, est celle du plus diligent (*diligentissimus*) père de famille.

On a dit qu'Ulpien, dans ses livres sur l'édit, exigeait plus dans le commodat que dans la vente ou le gage ; mais, dans ses livres sur Sabinus, il égalise les conditions de responsabilité afférentes à ces divers contrats. Il ne faut jamais aller jusqu'à dire que le commodataire répond du cas fortuit. Les mots *omne periculum*, l. 5 § 2 D. *Commodati,* ne peuvent s'interpréter en ce sens. C'est donc à tort que de grands jurisconsultes, parmi lesquels se trouve Cujas, ont entendu le mot *periculum* autrement. J. Godefroy ne s'y est pas trompé.

On se rappelle avoir vu déjà que le commodat dans l'intérêt du prêteur était assimilé au dépôt, et ne rendait le commodataire responsable que du dol, c'est-à-dire du dol et de la faute lourde.

3. VENTE. Les textes sont en désaccord sur ce contrat ; mais la loi 23 D. *De reg. jur.* a rangé la vente parmi les contrats qui requièrent la diligence. Il ne faut jamais oublier que cette loi est tirée du livre 29 d'Ulpien *Ad Sabinum*, d'où vient encore la loi 14 D. *De furtis*, où l'obligation du vendeur de conserver la chose est qualifiée *custodia*. Le même Ulpien, au livre 28 du même traité sur

Sabinus, avait encore qualifié de *custodia* la diligence que le vendeur devait avoir. Paul, au livre 7 sur Plautus, avait dit : *Custodiam et diligentiam præstare debet* (l. 36 D. *De act. empti et venditi*). Gaius, en son livre 2 AUREORUM ou *cottidianarum rerum*, avait résumé la discussion en disant : *Et puto eam diligentiam venditorem exhibere debere, ut fatale damnum, vel vis magna, sit excusatum* (l. 2 D. *De peric. et commod. rei vendit.*). Ce que Paul, en son livre 5 sur Sabinus, rend ainsi : *Custodiam autem venditor talem præstare debet, quam præstant hi, quibus res commodata est; ut diligentiam præstet exactiorem, quam in suis rebus adhiberet* (l. 3 D. *eod.*).

Cependant, en suivant l'examen des textes, on trouve qu'Alfenus Varus a été de notre sentiment, mais qu'Ulpien a varié, puisque, dans la loi 2 D. *Com-modati*, il semble donner une responsabilité plus étendue au commodataire qu'au vendeur.

Cette variation ne suffit pas pour que nous abandonnions la nomenclature de la loi 23 D. *De R. J.*

4. Du GAGE. Ulpien, dans son livre 38 sur l'édit, a indiqué de quelle faute répond le créancier gagiste : *Venit autem in hac actione et dolus, et culpa, ut in commodato, venit et custodia : vis major non venit* (1. 13 § 1 D. *De pignor. act.*). On apporterait ici un grand nombre de textes en faveur de ce système, confirmé notamment par la loi 6 Cod. *De pignor. act.* où on lit : *Quæ fortuitis casibus accidunt, cum prævideri non potuerint (in quibus etiam aggressura latronum est), nullo bonæ fidei judicio præstantur.* Mais le § 4

Inst. *Quib. mod. contrah.* y est contraire et ne met pas la faute trèslégère dans la catégorie de celles dont répond le créancier gagiste. Cette antinomie, causée par la rédaction des Institutes, ne peut pas empêcher la règle de droit posée par les auteurs les plus accrédités. Ulpien, en effet, n'a jamais été plus ferme que sur ce point. Déjà, dans son commentaire sur l'édit (l. 30), il avait dit que la responsabilité cessait où il n'y a ni dol ni fraude et où le créancier gagiste s'est comporté comme un père de famille diligent.

Les Grecs et Leconte, *Contius*, après eux, avaient voulu distinguer entre l'époque où le gage était dans les mains du créancier, pour garantir sa dette, et celui où, la dette étant payée, le gage n'est plus qu'une sorte de dépôt. Cette explication ne semble pas vraie. Il pa-

raît plus juste de dire que les interprètes ont eu des avis différents, ce que
semble indiquer le texte même des
Institutes (*voyez* Gérard Noodt, sur
cette question).

5. Louage. L'un des contrats qui,
d'après la loi 23 D. *De R. J.*, requièrent la responsabilité de la faute très-
légère. Les Institutes, *De locatione et
conductione*, § 5, expliquent en conséquence ce principe : *Qui pro usu aut
vestimentorum aut argenti, aut jumenti,
mercedem aut dedit, aut promisit : ab
eo custodia talis desideratur, qualem
diligentissimus paterfamilias suis rebus
adhibet.* Et Gaius, dans le livre 10 sur
l'édit provincial, décide de même: *Culpa
autem abest, si omnia facta sunt, quæ
diligentissimus quisque observaturus
fuisset* (1. 25 § 7 D. *Loc. cond.*). C'est
ce que confirment les empereurs Dioclé-

tien et Maximin par un rescrit où ils disent : *In judicio tam locati quàm conducti, dolum et custodiam, non etiam casum, cui resisti non potest, venire constat* (l. 28 Cod. *Loc. cond.*).

Ceci posé, il serait mauvais de dissimuler que, dans beaucoup de cas, les lois semblent exclure ou excluent nominativement la faute très-légère. Javolénus, dans son *epitome* des œuvres dernières de Labéon, enseignait, d'après ce grand maître, que le conducteur ne répondait que de son dol et de sa fraude (l. 60 D. *Loc. cond.*). Ulpien, dans son livre 28 sur l'édit, ne requérait pas la diligence dans le louage (l. 5 § 2 D. *Commodati*) Ainsi, au livre 32 de cet ouvrage, il ne requérait de responsabilité que pour le dol et la faute, non pour la faute très-légère (l. 9 pr. et § 3 D. *Loc. cond.*). Dans le même fragment, Ulpien examine un cas de responsabilité et se décide pour mettre la faute très-légère au compte du locataire, parce qu'il est ouvrier de la partie dans laquelle on l'a chargé d'un travail (l. 9 § 5 *eod.*). Cela a conduit les interprètes à distinguer, pour la responsabilité, entre les cas où le débiteur avait la chose comme locataire ordinaire, ou comme locateur d'industrie. Dans le premier, il n'aurait dû répondre que de la faute légère; tandis que, dans le second, il aurait répondu de la faute très-légère. Cette conciliation a séduit des esprits éminents, tels que *Decius*, Leconte (*Contius*), Hotomann et Jacques Godefroy lui-même. Malgré ces autorités étayées des variations d'Ulpien et du grand Cujas, nous persistons à continuer l'application ferme et précise de la loi 23 D. *De*

R. J. D'ailleurs, le paragraphe 5, Inst., *De loc. conduct.*, applique la faute très-légère au louage des choses. Notons une autre conciliation d'un des plus anciens glossateurs, Martin, approuvée par Alciat, sur la loi 226 *De V. S.*, et par Dumoulin, dans son traité *De eo quod interest.* L'on devrait faire d'après ce système une distinction entre les choses fragiles, difficiles à conserver, et celles n'exigeant qu'un soin ordinaire. Pour ces dernières, la faute et le dol seraient seuls imputables; la faute très-légère le serait pour les autres. Mais la loi 25 § 7 D. *Loc. cond.*, parlant du transport d'une colonne et de la faute très-légère, renverse cette opinion. Ces prétendues conciliations ne nous satisfont donc pas, nous aimons mieux notre règle.

VI. DE LA DOT. Est-ce un contrat ou

un quasi-contrat, comme la tutelle et la gestion d'affaires? La solution de cette première question n'a pas d'importance, parce que les textes, en général, disent que c'est un contrat, et parce que la responsabilité ne peut être diminuée ou augmentée dans l'un ou dans l'autre cas. Tenons que la dot est un contrat. Paul, liv. 7 sur Sabinus, paraît avoir mis la faute très-légère à la charge du mari : *In rebus dotalibus virum præstare oportet tam dolum, quàm culpam : quia causâ suâ dotem accipit : sed etiam diligentiam præstabit, quam in suis rebus exhibet* (1. 17 D. *De jure dot.*). Cette loi est la seule qui corrobore le texte de la loi 23 D. *De R. J.*

Les textes principaux, même ceux empruntés aux ouvrages d'Ulpien, ne rendent le mari responsable que de la faute légère. Concluons-en qu'il y avait, dans le livre 29 de notre auteur sur Sabinus, une dissertation que Justinien a mal à propos coupée, comme nous l'avons prouvé ; c'est de là que viennent les doutes.

On a dit, pour repousser la responsabilité de la faute très-légère, que la femme, en confiant sa personne au mari, avait consenti à s'en fier à lui pour ses biens. C'est une pauvre raison. Il y en a une meilleure, tirée de ce que la vie est commune et les fautes partagées. Quoi qu'il en soit, la majorité des auteurs condamne ici l'application de la responsabilité la plus étendue.

Cependant, pour montrer à quel point la question était embrouillée, j'ajouterai que, d'après la loi 5 § 2 D. *Commodati*, la faute imputable au mari est celle dont répond le vendeur, le locateur, le gagiste, l'associé.

Au milieu de ce chaos, la doctrine commune n'est pas facile à saisir; mais nous tiendrons qu'en droit romain la responsabilité était celle de la faute très-légère.

VII. DE LA TUTELLE. Ici de nombreuses autorités confirment l'argument tiré de la loi 23 D. *De R. J.* D'abord le tuteur a le droit de faire tout ce qui est donné à un bon (*idoneus*) père de famille (Ulpien, liv. 49 *Ad edict.*, l. 10 D. *De admin. et per. tut.*). Callistrate, au liv. 3 *De cognitionibus*, demandait au tuteur la même diligence qu'un père de famille apporte à ses affaires (l. 33. *pr. cod.*). Dioclétien et Maximin mettent sur le compte du tuteur une responsabilité plus grande que celle du *negotiorum gestor*, lequel répond de la faute très-légère (l. 20, *cod. De neg. gest.*). Enfin, le tuteur n'est déchargé de sa responsabilité que par les cas fortuits (l. *4, Cod. De peric. tut.*). Les textes sont d'ailleurs, très-opposés, Cujas a encore varié sur la question; c'est pourquoi l'on nous permettra de conclure en peu de mots, comme l'a fait Jacques Godefroy :

1. Les anciens jurisconsultes ont été en dissentiment.

2. Il y a des cas particuliers sur lesquels ils semblent s'entendre pour ne pas rendre le tuteur responsable de la faute très-légère.

3. Enfin ces formules *diligentiam quantam in rebus suis*, et *diligentiam diligentis patrisfamilias* semblent souvent se prendre l'une pour l'autre.

Ceci dit, nous ne concilierons pas des textes inconciliables.

VIII. DE LA GESTION D'AFFAIRES. Le *negotiorum gestor* se charge des affaires d'autrui sans le consentement de l'autre partie. Rien de plus juste que de lui imposer la responsabilité de la faute très-légère. *Igitur cùm quis negotia absentis gesserit :.. quo casu ad exactissimam quisque diligentiam compellitur reddere rationem : nec sufficit talem diligentiam adhibere, qualem suis rebus adhibere solet : si modo alius diligentior eo commodiùs administraturus esset negotia* (*Inst.* § 1, *De oblig. quæ quasi ex contr.*). Et Théophile, dans sa paraphrase, accepte ce principe.

Julien, dans ses digestes, avait enseigné que si un père de famille diligent avait pu éviter le dommage, le *negotiorum gestor* en devait répondre (l. 6 § 12 D. *De neg. gest.*). Ce que l'empereur Philippe rendait aussi : *Omnem diligentiam præstare debere* (l. 24,

Cod. De usur.). Et Paul, dans ses sen—
tences, lib. 1, tit. 4, 5, appelle cette
diligence *exacta*.

Quelques textes semblent s'opposer
à notre interprétation, mais nous avons
ici la majorité des auteurs.

DEUXIÈME PARTIE

—

DROIT FRANÇAIS.

MÉTHODE DE L'AUTEUR.

Lorsque les écrivains de l'antiquité faisaient les chefs-d'œuvre dont nous avons été nourris dans nos études, ils traitaient avec grand soin le sujet qu'ils avaient entrepris. Peu d'entre eux sortaient de leur domaine pour faire des excursions sur d'autres matières. Un livre était un tout, où l'on n'aimait pas mêler les choses les plus hétérogènes. Les auteurs n'affectaient point l'étalage d'une science acquise de la veille et qu'ils avaient hâte de montrer ; les pierres de l'édifice, bien préparées, s'agençaient facilement et n'étaient jamais disparates.

Les jurisconsultes romains surtout ont été des maîtres en l'art d'écrire. La logique serrée de leurs déductions marche rapidement vers les conséquences ; rarement leur raisonnement s'arrête pour faire place à des hors-d'œuvre philosophiques ou littéraires. Néanmoins, quand Homère, Ennius ou d'autres anciens avaient laissé trace d'expressions ou d'usages utiles à connaître, les Scævola comme les Ulpien ne se faisaient pas faute de citer le vers qui, se rapprochant de leur idée, confirmait leur opinion.

Ces jurisconsultes ont encore moins cité les philosophes que les poëtes. A cet égard, ils ont eu la réserve la plus grande, et ont à peine osé se montrer les disciples des écoles re-

nommées pour la rigidité de leur morale.

Les jurisconsultes scolastiques, pour
qui toute opinion était plus ou moins
probable, ont eu, au contraire, l'habitude de mêler toutes les sciences et de
citer sans discernement les écrivains
les plus étrangers à leurs études. Après
le règne de Charles VIII, ils ajoutèrent
les classiques à leur collection, ce qui
augmenta les citations sans en amé-
liorer l'effet.

Chaque décision, phrase ou mot était
étayé d'un fagot d'autorités, de telle
façon qu'avant de connaître la raison
d'une règle de droit, il fallait perdre
des années à étudier les auteurs les
moins dignes d'attirer l'attention. Cujas, dans sa vingt-troisième consulta-
tion, a flétri cette habitude, incapable
de mener à rien d'utile ; c'est pourquoi

les écrits de ce grand homme et ceux
de ses disciples sont puisés à des
sources épurées, étayés de bonnes raisons et ne sont pas des nomenclatures
de noms propres. C'est de son temps
que date l'application du principe qu'il
faut peser les autorités et non pas les
compter.

Depuis lors J. Godefroy, Domat, Pothier, Furgole et tous nos grands écrivains ont procédé avec la même méthode. Ils étudiaient le droit dans les
lois ; ils l'expliquaient en recourant à
tous les documents assez autorisés
pour en donner la signification, sauf à
appuyer leurs opinions contestées du
nom de quelque grand maître.

Tout à coup nous avons vu les ju-
ristes se lancer de nouveau dans un
nombre infini de citations, mettre en
avant les noms les plus obscurs et par-

ler de tout à propos du droit. C'est la mode aujourd'hui ; le plus grand des écrivains de ce temps en est peut-être la cause. Il n'est pas donné à tous d'aller à Corinthe, tous n'ont pas non plus le génie de l'auteur du *Droit civil expliqué suivant l'ordre des articles du Code*. Lui seul était capable de réussir dans cette voie littéraire que sa main puissante a ouverte. Nul ne pourra l'imiter, parce que personne n'aura jamais son immense érudition. Avant d'essayer de suivre ses traces, on ne devrait pas oublier que ce genre touche à l'affecté, et que le désordre le suit quand on n'est pas exceptionnellement doué. D'ailleurs, si l'on doit tenter de ressembler à l'homme éminent dont nous parlons, il a tant et tant de côtés séduisants, qu'il faut être bien malheureux pour choisir le plus vulnérable.

Ajoutons que la littérature ne rend pas à la jurisprudence l'hommage qu'elle en reçoit. Les gens de lettres sont ou veulent paraître étrangers à l'étude des lois.

On dirait qu'en devenant accessible à tous par sa clarté, notre Code s'est fermé pour les lettrés, comme s'il contenait des secrets inviolables, arcanes dont le vulgaire doit être éloigné et dont les prophètes mêmes ne peuvent approcher sans avoir reçu l'initiation sacrée.

Nous ne voyons donc aucun profit scientifique à faire des incursions dans les poëmes, les romans ou le théâtre, puisque les poëtes, les romanciers et les dramaturges ne veulent pas élever leurs fictions à la hauteur de notre loi moderne. Il leur convient de vivre hors de ce monde et de conserver les données de la tradition, conformes à un état social primitif, incompatibles avec notre législation perfectionnée.

Cependant tous les philosophes n'ont pas voulu rester dans l'ignorance que nous signalons ; quelques-uns ont traité des origines de la loi. Platon, Aristote, Cicéron, Locke, Grotius, Hobbes, Puffendorf, Domat, Spinosa, Montesquieu, Rousseau, avaient ouvert la route. Kant, Bentham, Jouffroy, ont à leur tour essayé de retrouver les principes. Nous pourrions faire ici une dissertation sur leurs systèmes et esquisser un chapitre de métaphysique aussi ennuyeux que s'il était d'un homme en renom dans cette partie.

Mais, nous l'avouons, ce genre d'étude n'a pour nous aucun attrait. Nous croyons d'abord qu'il faut éviter à tout prix le danger de tomber dans les rêves des physiologistes, dont nous ne parlerons que pour protester contre un abus de langage trop commun aujourd'hui et pour dire quelle est notre méthode. Il faut revenir à l'induction baconienne et ne pas sans cesse vanter l'indépendance et la hardiesse du spiritualisme, qui avaient perdu les Grecs d'avant Socrate, quand ce maître essaya de les sauver. Platon renouvela les vieilles folies et noya le bon sens dans la métaphysique. Le charme de ses théories, que grandissaient son style et son imagination, a porté les études vers ce que l'on appelle aujourd'hui la science de l'âme ou du moi.

Il a, comme le remarque Bacon, perdu tout le fruit de ce que son opinion avait de bien fondé, en envisageant et en s'efforçant d'embrasser des formes tout à fait immatérielles et non déterminées dans la matière, méprise dont l'effet a été pour lui de se tourner vers les spéculations théologiques, ce qui a infecté et souillé toute sa philosophie naturelle.

A la suite de Platon, de grands esprits ont été jetés hors des voies utiles et se sont asphyxiés dans cette étude, tour à tour appelée spiritualisme ou éclectisme. Nous disons que les appellations sont identiques, parce que Diderot est le seul ou presque le seul de ceux qui, s'étant dits éclectiques, n'a pas été un spiritualiste à outrance. Aristote, le plus grand des anciens, le plus savant des hommes, ne se paya pas des utopies de Platon; il observa et fit des ouvrages remarquables. Malheureusement il ne livra pas au monde ce secret que toute étude procède de l'observation. Supposant probablement que le principe était connu, Aristote enseignait que le syllogisme conduisait à la vérité. Mais le syllogisme doit suivre l'observation ; car s'il part d'une hypothèse, il conduit à l'absurde. Or les sectateurs de Platon et d'Aristote cherchèrent la vérité en dehors des faits et de la nature. Ils marchèrent dans la voie des hypothèses plus ou moins vraisemblables, ce qui arrêta tout à fait le progrès des arts et des sciences.

Il fallut bien des tentatives pour renverser cette logique ridicule qui consistait à tenter la démonstration des idées les plus singulières ; démonstration par où l'on devait passer, parce que les idées dont on s'occupait avaient été présentées dans un auteur précédent, ce qui rendait l'opinion probable. Les premiers adversaires de cette méthode furent considérés comme hérétiques, jugés, condamnés et brûlés comme tels. Ramus, persécuté sous les Valois d'Angoulême, qui tous admiraient sa science, son esprit, son élocution, ne put échapper à la rage des défenseurs des vieilleries scolastiques. Ils le tuèrent comme protestant à la Saint-Barthélemy, n'ayant pu le tuer par la main du bourreau.

Heureusement, Gassendi, Bacon et leurs disciples ont crevé les outres, et, le vent qui les gonflait parti, le progrès a été possible. En effet, si l'on considère l'état des sciences et des sociétés aux différentes époques de l'histoire, on sera convaincu que tout progrès s'accomplit dans le monde en négation de la métaphysique des spiritualistes, parce que le prétendu spiritualisme est tout simplement le champ des hypothèses.

C'est en souvenir des erreurs que causent ces hypothèses que l'on a écrit que toutes les sottises ont été enseignées par des philosophes.

Notre temps pourrait cependant sortir des nuages dont de nouveaux sophistes veulent l'envelopper. Il suffirait de voir où sont les vrais philosophes, et, Dieu merci ! nous n'en manquons pas. Pour ne parler que des morts, avec Lavoisier, Cabanis, Berzélius, Geoffroy-Saint-Hilaire (l'ancien), Arago, Toullier, Merlin, Pardessus, Saint-Simon, J.-B. Say et tant d'autres, notre époque (car tous ces noms seront de notre temps dans l'avenir) peut prétendre à une belle place dans l'histoire de la philosophie.

Nous ne compterons pas parmi les vrais philosophes ces hommes qui ont passé leur vie à essayer la dissection de l'âme et traité de la psychologie. Leur style retentissant les a fait écouter quelquefois ; le bruit, heureusement, ne couvre pas le vide des idées. Si nous avions à les classer dans la nomenclature des savants ou des artistes, nous aurions à tenir compte avant tout de l'harmonie de leurs phrases, et nous serions tenté de les ranger parmi les musiciens ; car les poëtes les repousseraient, ne voulant pas laisser dire qu'un morceau de métaphysique, en prose, est de la poésie.

Contrairement aux psychologistes, les sages que nous suivons n'ont pas entendu créer des systèmes ou pénétrer les substances ; ils ont examiné les rapports des êtres et en ont tiré des conséquences, souvent déterminé la loi. Nous laisserons donc le champ des hypothèses et des mystères. Ces derniers sur lesquels nos pères nous ont conseillé de ne pas perdre notre temps, quand ils les ont nommés mystères ou articles de foi, ne nous préoccupent point, et nous disons à leur égard, à l'exemple du Grand Cujas : *Nil hoc ad edictum prætoris.*

Nous ne cherchons pas à confirmer ou ébranler la croyance à tel ou tel dogme par nos raisonnements plus ou moins spécieux ; les solutions qu'on nous a présentées, au nom d'une orgueilleuse philosophie, ne nous satisfont pas, parce qu'elles reposent sur des visions ridicules. Nous n'espérons pas mieux faire que les autres, et nous aimons mieux veiller que de nous bercer dans des songes plus ou moins séduisants, mais toujours trompeurs.

Si les grands hommes qu'on appelle les Pères de l'Église ont renoncé à expliquer ces énigmes et en ont fait des articles de foi, nous ne voyons pas pourquoi nous serions plus favorisé du ciel qu'ils ne l'ont été.

Les adeptes des académiciens, comme aussi les sceptiques, avaient donné la preuve que toute démonstration des faits d'un ordre immatériel est impossible. Leurs objections sont encore debout. Nous laisserons donc là ces questions, au même titre que l'Académie des sciences repousse la possibilité du mouvement perpétuel ou de la quadrature du cercle.

Notre dernier mot sur la métaphysique est qu'il faut ou réfuter les arguments des anciens, ou quitter la partie. Du reste, pour juger de la vanité de cette prétendue science, on peut supposer qu'il n'y a plus de métaphysiciens. Cette absence, tout le monde le reconnaîtra, hors ceux qui sont payés pour dire le contraire, ne s'apercevrait dans aucune branche des choses utiles ou agréables. Donc leurs travaux sont des obstacles sans compensation, et il faut passer par-dessus.

Pourquoi, depuis deux cents ans et plus, semble-t-on avoir perdu le souvenir de ces sages paroles de Bacon : « *Il est une autre espèce d'erreur qui découle de cette sorte d'adoration où l'on est devant l'entendement ; sorte de culte, dont l'effet est que les hommes abandonnent la contemplation de la nature et l'expérience, pour se rouler en quelque manière dans leurs propres méditations, dans les fictions de leur esprit.* » L'oubli de cette judicieuse remarque vient peut-être de ce que Descartes, le père des modernes erreurs, a tout brouillé le jour où il a feint de mettre à l'écart les notions

qu'il avait dans l'esprit, pour tout examiner. Après sa déclaration, il a de
suite, et sans transition, admis les hypothèses les plus contestées en tant que
problèmes humains, parce que ses études antérieures les lui avaient démon-
trées ; c'est ce qu'il a nommé l'évidence. Et comme sa conscience a jugé
cette évidence, il s'est cru inattaquable.

Ce qu'il y a de remarquable, c'est
qu'il ne se contente pas de *supposer* des
doutes, sans enseigner pourquoi ces
doutes, simples suppositions, se pré-
sentent à lui ; il va plus loin : sous prétexte d'évidence, il les tranche avec une
hardiesse que sa confiance en lui peut
excuser, mais qu'elle ne justifie pas aux
yeux des logiciens.

Nous renverrons à la réfutation de ce
système par Huet, évêque d'Avranches ;
nous nous contenterons de dire qu'évi-

21

dence équivaut souvent, pour les spiritualistes, à contentement de soi-même,
et que conscience veut dire, ici, pour
eux, études antérieures, âme, entendement ou moi, toutes significations usi-
tées dans le monde, c'est possible, mais
qui rendent le raisonnement confus
lorsque l'on ne commence pas par tomber d'accord sur celle que l'on veut
employer. Descartes fut pourtant un
grand esprit, doué de grande perspica-
cité pour les sciences abstraites, qu'il
cultiva avec succès.

Sa gloire aurait surpassé celle de
Bacon s'il eût écarté les hypothèses ;
mais ses flatteurs l'arrêtaient et ses
premiers écrits l'enchaînaient. C'est
pourquoi il a été un philosophe dangereux et un mauvais physicien.

Ceci dit sur les anciens, répétons qu'il
faut éviter l'écueil sur lequel ont som-

bré tant de grands hommes. Il ne faut pas étudier la substance, l'essence des êtres. La substance immatérielle ou matérielle est impénétrable à nos moyens; Dieu seul l'expliquerait. Nous ne pouvons apercevoir que les rapports des êtres, jamais aller au-delà. L'étude des rapports n'est d'ailleurs pas si complète qu'il n'y ait plus à s'en occuper. Toutes les formes, toutes les transformations, toutes les conséquences de la variabilité ne sont pas connues. Quiconque a vu le moindre livre scientifique a sondé la mesure de nos connaissances et compris que tout ou presque tout est encore à faire. Les sciences naturelles et la science morale ont fait de notables progrès depuis la grande encyclopédie, cependant les *desiderata* sont encore et partout innombrables. Nous n'avons pas le droit d'arrêter le

mouvement; notre devoir, au contraire,
est de le continuer. Malheureusement
nous pouvons être à la veille d'un temps
d'arrêt; car la génération qui nous a
succédé dans les écoles a reçu les leçons de l'éclectisme. Si nous avons
vu cette hérésie contestée, les jeunes
hommes d'aujourd'hui l'ont trouvée
dans sa gloire, victorieuse partout, acceptée de tous, et dominatrice su-
perbe. Qu'ils se gardent surtout de
mouler leurs recherches sur les catégories de cette philosophie prétendue;
ces catégories, déplorable souvenir de
la forme scolastique, sont un cercle
nouveau mis autour de la science, pour
y remplacer les entraves brisées par
Bacon et ses adeptes. En acceptant cette
nouvelle logique, on ressuscitera les
erreurs des temps barbares, on doutera
de toutes les vérités aujourd'hui con-

quises, et l'on verra renaître la féodalité théocratique, avec l'ignorance, sa compagne fidèle.

Ce qui peut perpétuer l'erreur, c'est que les psychologistes se disent les esclaves de l'observation et de l'induction. Ils prétendent observer *les faits de conscience*, et c'est là-dessus qu'ils fondent leur enseignement. Si l'on veut comprendre ce qu'ils disent, on est obligé de les traduire, car *fait* signifie pensée dans leur langage, et *conscience* veut dire âme. En un mot, un *fait de conscience* est une idée, et l'examen d'un fait de conscience consiste dans l'observation de la formation et du développement d'une idée dans l'intellect. Il est étonnant que mon âme ait la possibilité de regarder mon âme; on ne comprend pas bien comment cet effet peut s'opérer. Il est vrai que pour le voir se manifester, il est utile de prendre de grandes précautions : persiennes closes, demi-obscurité, un bon canapé, position horizontale, la tête légèrement en bas, les yeux sur un point élevé, et l'hallucination commence..... comme on la voit se produire par le sommeil artificiel appelé hypnotisme, qui donne aussi l'extase et des visions. Maupertuis avait conseillé l'opium pour amener l'observation des phénomènes de l'âme ; ce moyen de se donner le délire vaut l'autre, et nous ne savons auquel donner la palme.

Les phénomènes de l'extase sont du domaine du merveilleux, auquel nous ne croyons pas.

Nous croyons qu'il faut observer, et n'observer que ce qui peut tomber dans le champ de l'observation.

S'il s'agit d'appliquer cette méthode à la science du droit, nous distinguerons deux cas : ou le législateur veut fonder la loi, *condere legem*, ou le jurisconsulte explique une loi promulguée. Au premier cas, le législateur devra se rendre compte de la nature humaine. L'observation lui prouvera que la loi naturelle est celle de l'homme en société. En effet, on n'a jamais vu d'homme isolé, vivant sans famille, ou plutôt sans tribu, laquelle dépend toujours plus ou moins d'une nation. Enfin l'observation enseigne que l'humanité s'élève peu à peu vers l'idée générale d'un genre humain uni dans une vaste confédération par le droit des gens. D'où cette conséquence qu'une bonne loi ne doit jamais être injuste de ce côté des monts et se trouver juste de l'autre.

S'il s'agit d'expliquer une loi promulguée, il faut avant tout en avoir le texte; et si les expressions en sont obscures, on cherchera dans les antériorités quel était le droit; on sondera les intentions du législateur pour savoir s'il a voulu modifier ou confirmer ce qui était avant lui. Enfin on prendra tous les faits concomitants de la création de la loi, et on en tirera des déductions. Grâce à ce procédé, l'on a grande chance d'arriver à la découverte de la vérité.

L'écueil des interprètes est dans le désir qu'ils éprouvent de plier les textes aux besoins de leur temps. Ceci n'est plus expliquer, c'est fausser la loi. Si le législateur a prévu ces besoins, tant mieux; s'il n'en a pas tenu compte, il faut une disposition nouvelle. Ne savons-nous pas qu'avec ces prétendues interprétations progressives on détruit toutes les règles du droit? Le danger, déjà considérable en matière civile, devient imminent en matière pénale; les besoins du moment sont ou peuvent être des événements politiques, coupables aujourd'hui, innocentés demain. Si l'on cède aux passions pour trouver dans les lois ce que personne n'a voulu y placer, les citoyens n'auront plus aucune garantie.

C'est pour cela que nous aimerions mieux des lois nouvelles que les arrêts sur le duel, les objets trouvés, la complicité de la concubine du mari adultère, et la diffamation des morts. Il ne nous est pas démontré que cela soit dans notre Code pénal.

Le législateur de 1810 savait que l'on n'incriminait pas le détenteur d'objets trouvés ou le combattant vainqueur dans un duel ; celui de 1819 n'ignorait pas que la diffamation seule punie était celle qui portait atteinte à la considération d'une personne vivante ; de même le législateur de 1810 savait toute la sévérité des anciennes lois sur l'adultère, et il avait créé un système complet où nous ne sommes pas sûrs que la concubine du mari ait été classée. Ici nous rappellerons encore l'opinion de notre maître Bacon ; il a dit dans ses aphorismes :

« 13. *C'est cruauté de donner la torture aux lois pour la donner aux hommes. Ainsi je n'aime point qu'on étende les lois pénales, beaucoup moins encore les lois capitales, à des délits nouveaux.* »

Maintenant, en appliquant les procédés d'observation et d'induction à la théorie des fautes, nous répéterons que l'essence des êtres n'est point de notre domaine, ce que les anciens nous ont enseigné lorsqu'ils ont dit que Dieu avait fait toutes choses de rien. Cette remarque que nous rappelons est loin d'être neuve, et c'est pour l'avoir faite que Montesquieu a défini la loi : « *les rapports nécessaires qui dérivent de la nature des choses.* » Cette définition est applicable à la loi dans ce qu'elle a de plus élevé et de plus absolu.

Les hommes, comme nous l'avons déjà dit, ont été créés pour vivre en société. Cette manière d'être les oblige à avoir des égards les uns pour les autres, et ces rapports devraient être déterminés par des lois bien faites. Or les lois s'approcheront d'autant plus de la perfection qu'elles seront plus près de la définition de Montesquieu ; elles s'éloigneront de l'idéal, au contraire, dans une proportion croissante avec leur distance d'avec ce principe. En attendant, il faut des lois positives, de l'ordre de celles auxquelles on obéit chez tous les peuples civilisés, et que l'on définit : « une règle établie par une autorité à laquelle on doit obéir. »

Par conséquent, lorsque nous apprécierons la loi positive, nous nous rappellerons qu'il faut nous incliner devant les textes; mais, si nous avions à faire la loi, nous ne perdrions pas de vue que la plus mauvaise loi est celle qui s'écarte le plus de la définition de Montesquieu.

De telle sorte que, si nous avions à créer le droit à propos des fautes dont un homme doit répondre, nous rechercherions avant tout ce dont un être humain est capable en général, parce que les lois sont faites pour la généralité et non pour les cas exceptionnels.

Or nous avons vu ceux qui se sont trouvés autour de nous et nous avons apprécié leur capacité, presque toujours trop sévèrement. D'une autre part, et pour joindre l'observation des siècles à la nôtre, nous rappellerons que nous avons tous été bercés avec des lectures puisées dans la Bible, si nous n'avons pas lu ce livre lui-même. Par conséquent nous avons appris, dès notre enfance, à proclamer la vanité de notre esprit, la petitesse infinie de nos moyens. Charron, dans son *Livre de la Sagesse* ; Pascal, dans ses *Pensées*, et tous les moralistes s'accordent à signaler la faiblesse de l'homme. Ils insistent sur cette infirmité de notre nature, afin de nous porter à courber le front devant la Divinité.

Cet accord unanime prouve qu'il n'est pas bon d'imposer aux parties contractantes une perfection que leur nature ne comporte pas. C'est ce qu'Ulpien avait compris quand il avait établi trois espèces de fautes, ce que Proudhon a confirmé quand il a pris parti pour cette division tripartite. Tous les deux ont compris que la rigueur devait fléchir, au moins dans certains cas. L'un et l'autre semblent avoir oublié qu'il pouvait être trop sévère, eu égard à notre faiblesse naturelle, d'exiger la prestation de la faute très-légère. Ils ont, sur la perfection morale, entendu les leçons des sectateurs du portique et des autres écoles rigoristes.

On croyait dans ces écoles à la perfection absolue, ce qui était une erreur, nous nous hâtons de le dire. Cependant nous avons des regrets en considérant que ces moralistes n'ont plus d'adeptes. Nous sommes dans le seul âge de l'histoire, où l'on ne puisse plus rencontrer des hommes croyant à une vertu sans tache. Au moyen âge, les hérésiarques se faisaient suivre en tonnant contre les vices. Si certaines cours catholiques avaient une trop grande licence de mœurs, les vaudois, les albigeois, plus tard les calvinistes et les jansénistes ont réagi contre des abus trop criants. Une école fameuse mit, en 1793, la vertu à l'ordre du jour, et tout cela se tient et s'enchaîne depuis Zénon jusqu'à nous, qui ne pouvons rien comparer à cette longue suite de rigides censeurs. Maintenant il y a bien encore çà et là quelques rumeurs contre les vices de notre temps, il n'y a plus de stoïciens. Ce peut être, nous le répétons, un véritable progrès, parce que la perfection est impossible. D'ailleurs, et nous sommes tenté de le croire, le

mal est probablement moindre aujour-
d'hui qu'il ne le paraît ; autrement il y
aurait des écoles de moralistes sévères
prêtes à flageller tous les vices ; la loi
des contrastes l'exigerait impérieuse-
ment. Félicitons-nous donc de notre
état présent et constatons que, si la
morale moins rigoureuse est plus humaine, cela tient à ce qu'il y a moins
d'écarts et à ce que les hommes suivent
plus facilement les voies de la justice.

Nous insistons sur cette idée que
nous ne sommes pas des tenants pour
l'absolu, et que les exigences de la loi
doivent avoir des limites.

Mais il n'est pas facile de donner
une classification des fautes. Le législateur sera toujours embarrassé pour
donner des exemples, et ceux des jurisconsultes ne pourront jamais avoir
le consentement de tous, surtout quand

les principes sont eux-mêmes contestés. Les exemples donnés par Vinnius
pour les trois fautes semblent avoir at-
teint les bornes où l'on peut aller dans
cette voie. Ils démontrent la difficulté
de la question, car ils ne sont pas saisis-
sants et peu de jurisconsultes les ont
adoptés, beaucoup au contraire en ont
fait la critique. Nous en dirons autant
des exemples donnés pour la théorie des
deux fautes, où l'on enseigne qu'en
certains contrats manquer pour la
chose d'autrui de la diligence que l'on
a pour ses affaires est une faute lourde,
qui devient en d'autres cas une faute
légère ; remarque qui détruit en même
temps la faute *in concreto* et la faute *in
abstracto*.

De là suit que les faits seuls peuvent
éclairer le jugement à porter sur les
fautes. Il suffit donc, suivant nous, au

législateur de poser le principe de la responsabilité et de dire que cette responsabilité sera appliquée avec mesure par les magistrats.

Nous croyons que cette pensée a été celle des rédacteurs du Code. Pour le démontrer par la méthode baconienne, nous allons examiner les textes pour en tirer les conséquences.

—

SYSTÈME DU CODE NAPOLÉON.

La règle générale de notre matière se trouve dans les art. 1136, 1137, 1182, 1245, 1302 et 1303 du Code Napoléon. Nous allons donner le texte de ces différentes dispositions.

C'est là que sont les principes en ce qui touche la garde des choses laissées aux mains de l'une des parties contractantes, sous la condition qu'elles seront rendues à l'autre. Le titre où nous les trouvons ne se rapporte pas à tel ou tel contrat en particulier, mais bien à toutes les obligations; c'est pourquoi il a été intitulé : *Des contrats ou des obligations conventionnelles en général.* Il contient les règles générales , dont les autres titres sont l'application.

Ces articles sont ainsi conçus :

« 1136. L'obligation de donner emporte celle de livrer la chose et de la conserver jusqu'à la livraison, à peine de dommages-intérêts envers le créancier.

« 1137. L'obligation de veiller à la conservation de la chose, soit que la convention n'ait pour objet que l'utilité de l'une des parties, soit qu'elle ait pour objet leur utilité commune, soumet celui qui en est chargé à y apporter tous les soins d'un bon père de famille.

« Cette obligation est plus ou moins étendue relativement à certains contrats, dont les effets, à cet égard, sont expliqués sous les titres qui les concernent.

« 1182. Lorsque l'obligation a été contractée sous une condition suspensive, la chose qui fait la matière de la convention demeure aux risques du débiteur, qui ne s'est obligé de la livrer que dans le cas de l'événement de la condition.

« Si la chose est entièrement périe sans la faute du débiteur, l'obligation est éteinte.

« Si la chose s'est détériorée sans la faute du débiteur, le créancier a le droit ou de résoudre l'obligation, ou d'exiger la chose dans l'état où elle se trouve, avec des dommages-intérêts.

« 1245. Le débiteur d'un corps certain et déterminé est libéré par la remise de la chose dans l'état où elle se trouve lors de la livraison, pourvu que les détériorations qui y sont survenues ne viennent point de son fait ou de sa faute, ni de celle des personnes dont il est responsable, ou qu'avant ces détériorations, il ne fût pas en demeure.

« 1302. Lorsque le corps certain et déterminé qui était l'objet de l'obligation, vient à périr, est mis hors du commerce, ou se perd de manière qu'on en ignore absolument l'existence, l'obligation est éteinte si la chose a péri ou a été perdue sans la faute du débiteur, et avant qu'il fût en demeure.

« Lors même que le débiteur est en demeure, et s'il ne s'est pas chargé des cas fortuits, l'obligation est éteinte dans le cas où la chose fût également périe chez le créancier si elle lui eût été livrée.

« De quelque manière que la chose volée ait péri ou ait été perdue, sa perte ne dispense pas celui qui l'a soustraite, de la restitution du prix.

« 1303. Lorsque la chose est périe, mise hors du commerce ou perdue, sans la faute du débiteur, il sera tenu, s'il y a quelques droits ou actions en indemnité par rapport à cette chose, de les céder à son créancier. »

Ainsi, en premier lieu, on établit que le débiteur répond de la faute (C. N. 1182, 1245, 1302, 1304);

2° Qu'il est obligé de conserver, c'est-à-dire de garder la chose (C. Nap. art. 1136);

3° Qu'il est responsable de sa faute, qui peut être diversement appréciée (C. N., art. 1137);

4° Qu'il n'est pas responsable des cas fortuits (C. N., art. 1302).

Le législateur, qui avait sous les yeux le travail de Pothier, a pu le suivre comme il a pu en changer le principe. C'est là sur quoi va se porter notre attention, car, dans ce que nous venons de voir jusqu'à présent, nous n'avons pas trouvé que les trois fautes de nos anciens auteurs, les deux fautes de Doneau et de M. Lebrun aient été conservées. Pour chercher la pensée des rédacteurs du Code, nous ferons une incision à l'écorce de la loi, suivant l'expression de Boncenne, et nous verrons découler le principe.

Avant d'aller plus loin, nous devons lever immédiatement une difficulté qu'un commentateur récent (M. Larombière, sur l'art. 1138, n° 15) a cru pouvoir soulever. Il a remarqué que;

l'article 1137, étant placé au chapitre relatif aux obligations de donner, ne pouvait pas s'appliquer aux obligations de faire. Cet auteur ne peut pas justifier son sentiment par l'histoire de la loi. D'ailleurs nous avons eu soin de réunir tous les articles du titre des obligations, et nous n'y avons pas trouvé trace de la distinction des fautes, dans l'obligation de donner, d'avec celle des fautes dans l'obligation de faire. La théorie de M. Larombière n'a rien de sérieux : *Ubi lex non distinguit nec nos distinguere debemus.*

L'article 1137 était ainsi conçu dans le projet de la commission :

« Art. 35. L'obligation de veiller à la conservation de la chose, soit que la convention n'ait pour objet que l'utilité de l'une des parties, soit qu'elle ait pour objet leur utilité commune, oblige celui qui en est chargé à apporter tous les soins d'un bon père de famille.

« Cette obligation est plus ou moins étendue relativement à certains contrats dont les effets, à cet égard, sont expliqués sous les titres qui les concernent. »

Presque tous les tribunaux laissèrent passer cette rédaction. Le tribunal d'appel de Lyon, seul entre tous, fit observer qu'on avait omis : « Les fautes très-graves, graves et légères ; les cas où la faute est excusable; les cas où elle rend celui qui la fait responsable de l'événement. »

L'article du Code a été adopté tel que nous l'avons copié plus haut. Il en résulte que les observations de la Cour de Lyon ont été écartées avec préméditation de n'en tenir aucun compte.

C'est en effet ce qui a été exprimé

23

dans le discours de M. Bigot de Préameneu, où on lit, après l'exposé du système des trois fautes :

« Cette division des fautes est plus
ingénieuse qu'utile dans la pratique : il
n'en faut pas moins, sur chaque faute,
vérifier si l'obligation du débiteur est
plus ou moins stricte, quel est l'intérêt
des parties, comment elles ont entendu
s'obliger, quelles sont les circonstances.
Lorsque la conscience du juge a été
ainsi éclairée, il n'a pas besoin de règles générales pour prononcer suivant
l'équité. La théorie dans laquelle on
divise les fautes en plusieurs classes,
sans pouvoir les déterminer, ne peut que
répandre une fausse lueur et devenir
la matière de contestations plus nombreuses. L'équité elle-même répugne à
des idées subtiles. On ne la reconnaît

qu'à cette simplicité qui frappe à la fois. l'esprit et le cœur. »

Ce discours est mêlé de phrases inutiles ou même tout à fait fausses et contradictoires.

Qu'est-ce que supprimer la division des fautes et dire qu'il faut, sur chaque faute, vérifier si l'obligation est stricte, quel est l'intérêt des parties, etc., si ce n'est rétablir la division sinon pour les mots, du moins dans les faits. Puis, est-il bien vrai que la jurisprudence ait fait plusieurs classes de fautes sans pouvoir les déterminer? — La détermination des classes n'était-elle pas, au contraire, établie? enfin, si l'équité répugne à des idées subtiles, à quoi reconnaît-on cette simplicité qui frappe à la fois l'esprit et le cœur? Beaux vocables, peu de pensées ; genre oratoire enseigné dans le fameux discours

de M. de Buffon, c'est-à-dire qui se
tient dans les généralités. Un jurisconsulte n'accepte pas cela.

L'équité, où donc la prendre? L'équité, nous l'avons dit, peut être en dehors
du droit quand on ne suit pas les rapports nécessaires dérivant de la nature des choses. Dans le pays où l'on
obéit à ces rapports, l'équité ne se distingue pas de la loi, morale pratique à
laquelle chacun doit se conformer.
C'est pour avoir compris l'importance
de l'obéissance à la loi et sa supériorité
sur l'équité dite naturelle que le célèbre Gérard Noodt a fait l'éloge de la
jurisprudence civile, c'est-à-dire l'éloge
du droit positif, et que M. Troplong a
si agréablement raillé les partisans de
l'équité des ignorants, équité propre à
chacun d'eux, bornée à l'étroitesse de
leur cervelle impuissante et nom-

mée par les sages équité cérébrine.

Non, le bon sens n'est pas l'apanage exclusif des sots; non, l'équité n'est pas le propre exclusif des paresseux. Nous nous révoltons, au nom de l'étude et de la civilisation tout entière, contre de pareilles théories.

Cependant l'idée de M. Bigot de Préameneu est claire : il enseigne qu'il n'y aura plus après le Code qu'une seule faute.

M. Favard de Langlade est resté dans le cadre tracé par M. Préameneu.

Il disait : « Il s'élevait souvent des difficultés sur les effets de la responsabilité de celui qui s'était obligé de donner une chose. Le droit romain avait établi à cet égard diverses règles, qui variaient suivant la nature des contrats ou quasi-contrats qui contenaient l'obligation.

« Le projet de loi, en écartant les distinctions dont les règles étaient si difficiles à appliquer, s'attache à un principe simple de droit naturel, qui veut
que l'on fasse pour les autres ce que
nous voudrions qu'ils fissent pour nous-
mêmes. De quelque nature que soit le
contrat qui remet au débiteur la conservation d'une chose qui appartient à
celui à qui il la doit, le soin de la conserver doit être le même, aussi longtemps qu'elle est dans la possession du
débiteur ; ce dernier doit se considérer comme s'il en était le propriétaire.

« Telle est la règle générale sagement
consacrée par l'article xxxviii (1137,
C. N.) du projet de loi.

« L'obligation du débiteur, chargé
de conserver la chose qu'il doit donner, ne peut être plus ou moins éten-

due que relativement à ce qui est la matière du contrat, parce que, sous ce rapport, les moyens de conservation varient suivant la nature des objets qui sont confiés à ses soins. La responsabilité du débiteur l'oblige à toute la surveillance d'un bon père de famille ; mais on ne peut pas exiger qu'elle aille au-delà. »

S'il est resté fidèle à la théorie de M. Bigot de Préameneu, M. Favard a bien plus nettement posé la question. Le premier avait parlé de la responsabilité diverse que peuvent comporter les contrats ; M. Favard le réfute en disant qu'il n'y a qu'une responsabilité variable seulement, eu égard à la nature des choses.

Cette divergence, bien que très-grave, ne porte pas sur le nombre des fautes ; elle n'est relative qu'à la manière d'es-

timer le degré de diligence. M. Bigot
place ce degré dans la nature des contrats et, nous l'avouons, il a pour lui la
lettre de la loi. M. Favard s'attache à la
nature des choses gardées, et peut-être
sa théorie est-elle plus simple, mais
elle n'a pas d'appui dans le texte. A
bien prendre, l'art. 1137 permet de
combiner les deux éléments d'appréciation et, s'il faut reconnaître la simplicité de celui de M. Favard, il faut
reconnaître aussi qu'il ne tient pas
compte de l'intérêt que le gardien peut
avoir dans la conservation et la déli-
vrance de la chose.

S'il était bien de dire aux parties :
Vous ne devez pas traiter des soies
comme du coton, des diamants comme
des pavés, du savon comme du vin,
des plumes rares comme des tissus
grossiers ; si l'effet de la faute ne devait

être estimé que suivant la nature des choses, le juge avait une complication de moins dans l'appréciation des faits. Il était mieux d'ajouter que le degré de confiance du créancier pouvait être augmenté par les circonstances et accroître ainsi la responsabilité du débiteur. C'est donc avec raison que, sans tenir compte des anxiétés des jurisconsultes et des *magistrats*, l'art. 1137 dispose que l'obligation est plus ou moins étendue *relativement à certains contrats*, dont les effets, à cet égard, sont expliqués sous les titres qui les concernent.

De là suit nécessairement, et malgré M. Favard, que la *nature* des contrats entre pour sa part dans l'appréciation de la faute du débiteur.

M. Mouricault, dans le discours qu'il fit au nom du Tribunat au Corps législatif, fut plus court que M. Bigot de Préameneu et M. Favard. Il s'exprima ainsi sur l'art. 1137 : « S'agit-il, par exemple, d'une obligation de donner un objet déterminé? elle emporte non-seulement l'engagement de livrer l'objet, mais encore celui de veiller, en bon père de famille, à sa conservation jusqu'à la livraison. »

L'orateur du Tribunat ne fait plus même les distinctions présentées par M. Favard de Langlade; la diligence du bon père de famille est ce qu'il désire, et ses prévisions ne vont pas au delà.

Il y a au milieu de cela un accord formel pour éviter, en même temps que les anciennes divisions des fautes, les difficultés que donnait la théorie.

La diligence propre au bon père de famille semble avoir été le point de départ de toutes les prévisions, et c'est elle que l'on a choisie pour base du système nouveau.

C'est aussi par établir cette règle que commence l'article 1137 : « L'obligation de veiller à la conservation de la chose, soit que la convention n'ait pour objet que l'utilité de l'une des parties, soit qu'elle ait pour objet leur utilité commune, soumet celui qui en est chargé à y apporter tous les soins d'un bon père de famille. »

On a dit que c'était là qu'il fallait s'en tenir si l'on voulait créer une règle unique ; qu'après cela toute discussion eût cessé ; tandis qu'au lieu de se borner à cette diligence du bon père de famille, si nettement exprimée, on a ajouté : « Cette obligation est plus ou moins étendue relativement à certains contrats, dont les effets, à cet égard, sont expliqués sous les titres qui les concernent. »

Plus étendue, l'obligation semble devenir celle du père de famille plus diligent ou le plus diligent; moins étendue, elle paraît être celle que tout le monde a, sous peine d'être d'une ignorance crasse. Il y a quelque chose de juste dans cette critique, en ce sens qu'elle prouve la nécessité d'étudier les anciennes divisions des fautes dans les contrats, afin de nous éclairer dans l'application du droit aux faits. Elle va trop loin, en voulant voir dans la dernière partie de l'article 1137 le rétablissement des trois fautes, abolies formellement dans la première. On admettra facilement que le législateur ne s'est pas contredit à deux lignes de distance.

Le type créé par le législateur est

celui du bon père de famille, auquel
on pourra, en certains cas, pardonner
une erreur ordinairement excusable;
en d'autres cas, la lui faire payer; et,
d'autres fois encore, on ira jusqu'à lui
imposer une garde extraordinaire.

Mais, dans aucune hypothèse, on
ne sortira du modèle pris pour règle;
on restera toujours sur l'idée d'un débiteur *bon père de famille*, ayant besoin, suivant les contrats, d'une diligence plus ou moins grande, spéciale,
d'après la nature du contrat et de la
chose, et ne quittant jamais le type du
bon père de famille, afin de créer des
obligations nouvelles pour des gardiens
introuvables.

Résumant donc notre exégèse sur
l'article 1137, nous dirons :

D'après cet article, où est la règle
générale, combiné avec les articles

1245 et 1302, qui complètent cette même règle, il n'y a plus qu'une faute.

Il n'y a plus de même qu'un type de bon père de famille. Seulement on exigera toujours de celui-ci une certaine diligence, à l'égard de laquelle on sera plus ou moins sévère, plus ou moins indulgent.

Cette diligence s'appréciera eu égard aux contrats et eu égard à la chose à conserver.

Par conséquent, on ne limitera pas la responsabilité aux fautes que les moins avisés ne doivent pas commettre; on ira jusqu'à imputer celles dont un homme ordinaire doit se garer. Et comme le plus grand degré de diligence comporte le moindre, on ne dira pas que le débiteur répond de la faute lourde et de la faute légère, on ne parlera que de la dernière, parce que c'est celle qui comprend la responsabilité la plus étendue. Elle se rencontre toujours dans la faute lourde; il n'y a pas à distinguer et l'explication est suffisante en imputant la faute légère au débiteur.

Ces articles 1137, 1245 et 1302 ont donc un sens précis après les discussions anciennes; ils ont simplifié la théorie générale pour leur en substituer une nouvelle, qui consiste à nous donner une seule faute, un seul type de gardien, et à ne voir ensuite que des nuances dans la diligence du gardien et dans les appréciations de la faute.

Ceci établi, nous allons prendre, dans leur ordre de place et de numéros, les articles du Code qui ont spécialement traité des fautes; mais, avant tout, nous devons préciser la date de la publication du titre des *Obligations*, dans lequel se trouvent nos articles 1137, 1245 et 1302. Ce titre a été décrété le 17 pluviôse an XII, publié le 27 (7-17 février 1804).

Le premier article qui parle de faute est, dans l'ordre du Code, l'article 450, emprunté au titre de la tutelle, décrété le 5 germinal an XI, promulgué le 15 (26 mars-5 avril 1803).

Cet article est ainsi conçu : « Le tuteur prendra soin de la personne du mineur et le représentera dans tous les actes civils.

« Il administrera ses biens en bon père de famille et répondra des dommages qui pourraient résulter d'une mauvaise gestion.

« Il ne peut ni acheter les biens du mineur, ni les prendre à ferme, à moins que le conseil de famille n'ait autorisé le subrogé-tuteur à lui en passer bail, ni accepter la cession d'aucun droit ou créance contre son pupille. »

Nous ne voyons dans ces expressions rien de contraire à notre règle générale. Il s'agit d'un bon père de famille, d'une bonne ou d'une mauvaise gestion. La controverse si vive des anciens sur la nature de la responsabilité du tuteur a cessé; cet administrateur ne répondra pas de la faute très-légère qui n'existe pas dans notre Code. Même on ne lui demande pas une diligence très-exacte; le législateur du Code Napoléon se contente d'une diligence ordinaire.

L'article 601 du titre de l'*Usufruit*, décrété le 9 pluviôse an XII, promulgué le 19 (30 janvier-9 février 1844), est ainsi conçu : « Il (l'usufruitier) donne caution de jouir en bon père de famille, s'il n'en est dispensé par l'acte constitutif de l'usufruit; cependant, les père et mère ayant l'usufruit légal du bien de leurs enfants, le vendeur ou le donateur sous réserve d'usufruit ne sont pas tenus de donner caution. »

Il est clair que l'usufruitier est, comme le tuteur, soumis à la diligence ordinaire du bon père de famille. On n'exige rien de plus. Toute la controverse se tiendra sur l'appréciation de la diligence eu égard à la nature des choses, comme pour le tuteur.

Nous sommes maintenant à l'article 804, que nous trouvons au titre des *Successions*, décrété le 29 germinal an XI, promulgué le 9 floréal (19-29 avril 1803), par conséquent avant le titre des *Obligations*.

L'article 804 est ainsi conçu : « Il (l'héritier bénéficiaire) n'est tenu que des fautes graves dans l'administration dont il est chargé. »

Là-dessus une grande querelle est née dans l'école ; car nous n'avions qu'une seule faute jusqu'à présent, et notre article donne très-positivément les *fautes graves*, ce qui suppose au moins des fautes légères, sinon aussi des fautes très-légères.

« Voilà, dit le judicieux Proudhon, au *Traité des Droits d'usufruit*, nº 1502, voilà la faute grave bien positivement et bien distinctement énoncée par les auteurs du Code. » Et il remarque que c'était la faute dont était chargé l'héritier qui, n'ayant pas droit à la rétention de la quarte, n'était tenu que des fautes graves qu'il aurait commises dans une administration sans bénéfice pour lui : *culpæ plane reddere (debet) rationem, sed ejus quæ dolo proxima est* (L. 22 § 3 D. *Ad senat. consult. Trebellian.*).

Cet auteur aurait pu généraliser et dire que l'héritier bénéficiaire n'était tenu que de la faute grave, comme, dans l'ancien droit, tous les dépositaires gratuits qui n'avaient pas sollicité le dépôt.

Nous avons vu déjà que cet art. 804 avait été fait avant l'adoption du titre des *Obligations*, et que, si nous y trouvions une dérogation à ce qui fut établi plus tard, il ne faudrait pas trop nous en effrayer. En effet les fautes graves dont parle notre article seront les fautes qui viendront d'un défaut de la diligence ordinaire; car, s'il y a diligence ordinaire, l'article absout l'héritier de toute responsabilité.

Cette raison n'est pas seule. Il y a à se reporter à ce que nous avons dit plus haut pour estimer la faute *in abstracto* et la faute *in concreto*, passage dans lequel nous avons démontré que l'on imposait, dans divers textes, la même responsabilité au dépositaire, au tuteur, au gagiste, etc.; ce qui est contraire à la loi 23 D. *De R. J.*

D'une autre part, la langue du droit n'est pas parfaite, et de là vient que nous hésitons souvent. Nous avons vu combien on a blâmé Bartole d'avoir cru à la grande et à la très-grande faute. Nous avons sur ce point donné une page entière de Doneau. Malgré cette vive critique, lorsque la Cour de Lyon a fait des observations sur les fautes, elle a parlé de la faute très-grave, de la faute grave et de la faute légère. Or, si nous examinons maintenant la faute de l'héritier bénéficiaire en égard au contrat ou quasi-contrat qui le lie, nous trouverons qu'il doit être pris comme un associé, un communiste ou qu'il doit être comparé à un usufruitier. Or, dans tous ces cas, la faute dont répond le débiteur est celle que ne commet pas le bon père de famille; donc le mot *grave*, employé par notre article, doit être rapproché de cette diligence moyenne demandée en général par le Code et appelée *grave* par la Cour de Lyon, comme elle l'est ici par le législateur.

L'art. 1374, du titre des *Engagements qui se forment sans convention* décrété et promulgué deux jours après le titre des *Obligations*, confirme en plein la théorie de l'art. 1137. Il est ainsi conçu : « 1374. Il est tenu (celui qui gère l'affaire d'autrui) d'apporter à la gestion de l'affaire tous les soins d'un bon père de famille.

« Néanmoins, les circonstances qui l'ont conduit à se charger de l'affaire, peuvent autoriser le juge à modérer les dommages-intérêts qui résulteraient des fautes ou de la négligence du gérant.

C'est, à peu de chose près, la rédaction de l'art. 1137, comme nous l'avons remarqué.

Nous laisserons de côté les articles relatifs aux délits et quasi-délits; nous avons déjà signalé que c'était un ordre d'idées tout particulier, et nous ne reviendrons point ici sur ce sujet.

Dans le titre du *Contrat de mariage*, décrété le 20 pluviôse an XII, promulgué le 20 (10-20 février 1804), nous trouvons l'art. 1562, ainsi conçu :

« 1562. Le mari est tenu, à l'égard des biens dotaux, de toutes les obligations de l'usufruitier.

« Il est responsable de toutes prescriptions acquises et détériorations survenues par sa négligence. »

Nous nous sommes déjà expliqué sur l'art. 604, dont celui-ci n'est pour nous qu'une répétition, et nous n'avons rien à ajouter.

Au titre de la *Vente*, décrété le 15 ventôse an XII, promulgué le 25 (6-16 mars 1804), nous trouvons l'art. 1624, ainsi conçu : « 1624. La question de savoir sur lequel, du vendeur ou de l'acquéreur, doit tomber la perte ou la détérioration de la chose vendue avant la livraison, est jugée d'après les règles prescrites au titre des *Contrats ou des Obligations conventionnelles en général*. »

C'est un renvoi pur et simple aux art. 1136, 1137, 1245 et 1302, analysés au début de ce travail sur le Code.

L'art. 1728 du titre du *Louage*, décrété le 16 ventôse an XII, promulgué le 26 (7-17 mars 1804), est ainsi conçu :

« 1728. Le preneur est tenu de deux obligations principales :

« 1° D'user de la chose louée en bon père de famille et suivant la destination qui lui a été donnée par le bail, ou suivant celle présumée d'après les circonstances, à défaut de convention ;

« 2° De payer le prix du bail aux termes convenus. »

C'est la donnée générale, et nous n'avons rien à dire ici de particulier.

L'art. 1732 du même titre est ainsi conçu : « 1732. Il répond des dégradations ou des pertes qui arrivent pendant sa jouissance, à moins qu'il ne prouve qu'elles ont eu lieu sans sa faute. »

L'art. 1733 ajoute : « 1733. Il répond de l'incendie, à moins qu'il ne prouve :

« Que l'incendie est arrivé par cas

fortuit ou force majeure, ou par vice de construction ;

« Ou que le feu a été communiqué par une maison voisine. »

Les art. 1782, 1783, 1784, portent :

« 1782. Les voituriers par terre et par eau sont assujettis, pour la garde et la conservation des choses qui leur sont confiées, aux mêmes obligations que les aubergistes, dont il est parlé au titre du *Dépôt et du séquestre.*

« 1783. Ils répondent non-seulement de ce qu'ils ont déjà reçu dans leur bâtiment ou voiture, mais encore de ce qui leur a été remis sur le port ou dans l'entrepôt pour être placé dans leur bâtiment ou voiture.

« 1784. Ils sont responsables de la perte et des avaries des choses qui leur sont confiées, à moins qu'ils ne prouvent qu'elles ont été perdues ou ava-

riées par cas fortuit ou force majeure. »

En matière de louage d'ouvrage nous
avons les art. 1789 et 1790 où se trouve
le mot faute :

« 1789. Dans le cas où l'ouvrier four-
nit seulement son travail ou son industrie, si la chose vient à périr, l'ouvrier
n'est tenu que de sa faute.

« 1790. Si, dans le cas de l'article
précédent, la chose vient à périr, quoique sans aucune faute de la part de
l'ouvrier, avant que l'ouvrage ait été
reçu et sans que le maître fût en demeure de le vérifier, l'ouvrier n'a point
de salaire à réclamer, à moins que la
chose n'ait péri par le vice de la matière. »

Nous ne parlerons pas ici de l'article 1792, relatif à la responsabilité des
entrepreneurs et des architectes. L'ar-

ticle met le dommage à leur charge,
par cela seul qu'il y a vice de construction ou vice du sol. C'est là une faute
sui generis, que doit éviter tout homme
expert dans l'art de bâtir et, à coup sûr,
ce n'est pas la faute très-légère.

Les art. 1806 et 1807 disposent :

« 1806. Le preneur doit les soins
d'un bon père de famille à la conservation du cheptel.

« 1807. Il n'est tenu du cas fortuit
que lorsqu'il a été précédé de quelque
erreur de sa part, sans laquelle la perte
ne serait pas arrivée. »

Tous ces articles sont dans le sens
des articles 1137, 1245 et 1302. Il suffit de les lire pour en être convaincu.

Il en est de même de l'art. 1808, où
le mot faute est employé au singulier
et sans application spéciale à un ordre
de fautes déterminé :

« 1808. En cas de contestation le preneur est tenu de prouver le cas fortuit, et le bailleur est tenu de prouver la faute qu'il impute au preneur. »

Si nous arrivons au titre de la société décrété le 17 ventôse an XII, publié le 27 (8-18 mars 1804), nous trouvons l'art. 1850, écrit avec la même préoccupation et ainsi conçu :

« 1850. Chaque associé est tenu, envers la société, des dommages qu'il lui a causés par sa faute, sans pouvoir compenser avec ces dommages les profits que son industrie lui aurait procurés dans d'autres affaires. »

Il est bon de transcrire ici le procès-verbal de la discussion qui eut lieu au Conseil d'État, en la séance du 14 nivôse an XII, à propos de cet article :

« Le cit. Lacuée pense que le mot

faute est trop vague; on pourrait en abuser pour rendre l'associé responsable des événements qui auraient trompé des combinaisons exactes dans leur principe.

« Le cit. Treilhard dit que les tribunaux sauront faire les distinctions que réclame la justice; que la loi ne peut que s'en rapporter à eux : vainement elle entreprendrait de spécifier d'avance tous les cas de la responsabilité.

« Le cit. Berlier dit que le principe posé est inattaquable, et qu'il lui semble impossible d'en rendre l'idée par une autre expression.

« Le droit romain distinguait la faute grave, la faute légère et même la faute très-légère; on a évité ces distinctions dans tous les titres adoptés, mais sans ôter aux tribunaux la faculté d'apprécier ce qui constitue la faute ou en absout.

« Des spéculations raisonnables qui tournent mal sont un malheur et non une faute ; tout cela doit être décidé *ex æquo et bono* : l'expression employée n'y fait point obstacle, et il est d'ailleurs impossible de la remplacer par une autre qui ait un sens tout à la fois plus précis et moins dangereux. »

Cette discussion, à la suite de laquelle l'article fut adopté, ne peut laisser aucun doute sur la pensée des rédacteurs.

On se rappelle la loi 5, au titre *Commodati* du Digeste, sur laquelle Ulpien avait essayé une première théorie des fautes, théorie qu'il a refaite dans la loi 23 du titre de *Regulis juris*. Tous les jurisconsultes avaient, à la suite de la loi 5 *Commodati*, traité longuement de la question de la responsabilité par rapport au commodat. Les rédacteurs du Code ont suivi l'usage et ont consacré à la même question cinq articles, au titre du *Prêt*, décrété le 18 ventôse an XII, promulgué le 28 (9-19 mars 1804). Ils sont ainsi conçus :

« 1880. L'emprunteur est tenu de veiller en bon père de famille à la garde et à la conservation de la chose prêtée. Il ne peut s'en servir qu'à l'usage déterminé par sa nature ou par la convention ; le tout à peine de dommages-intérêts, s'il y a lieu.

« 1881. Si l'emprunteur emploie la chose à un autre usage, ou pour un temps plus long qu'il ne le devait, il sera tenu de la perte arrivée, même par cas fortuit.

« 1882. Si la chose prêtée périt par cas fortuit dont l'emprunteur aurait pu la garantir en employant la sienne propre, ou si, ne pouvant conserver que l'une des deux, il a préféré la sienne, il est tenu de la perte de l'autre.

« 1883. Si la chose a été estimée en la prêtant, la perte qui arrive, même par cas fortuit, est pour l'emprunteur, s'il n'y a convention contraire.

« 1884. Si la chose se détériore par le seul effet de l'usage pour lequel elle a été empruntée et sans aucune faute de la part de l'emprunteur, il n'est pas tenu de la détérioration. »

Les règles à tirer de ces articles sont simples :

1° Si, lors du prêt à usage, la chose a été estimée, les risques de toute nature, même les cas fortuits, sont à la charge du débiteur, qui ne peut être tenu que du prix, à moins de convention con-traire.

2º Il ne répond jamais de la détérioration de la chose arrivée en l'employant à l'usage pour laquelle elle a été empruntée, quand il n'y a pas eu faute de sa part.

3º Dans tous les cas, l'emprunteur est tenu de veiller en bon père de famille à la garde et à la conservation de la chose prêtée.

4º Il répond des cas fortuits : 1º s'il a employé la chose à un usage autre que celui pour lequel il l'a empruntée; 2º s'il ne l'a pas rendue au temps convenu ; 3º si, pouvant sauver la chose prêtée, il a préféré sauver la sienne, ou s'il n'a pas employé sa chose pour garantir la chose prêtée, qui pouvait ainsi être sauvée.

Nous remarquons que cet ensemble ne repose que sur la faute en général, et que, quant à la diligence, il n'est question que de celle du bon père de famille.

L'article 1927 et l'article 1928 du titre du *Dépôt*, décrété le 25 ventôse an XII, promulgué le 5 germinal (14-24 mars 1804), sont ainsi conçus :

« 1927. Le dépositaire doit apporter, dans la garde de la chose déposée, les mêmes soins qu'il apporte dans la garde des choses qui lui appartiennent.

« 1928. La disposition de l'article précédent doit être appliquée avec plus de rigueur : 1° si le dépositaire s'est offert lui-même pour recevoir le dépôt; 2° s'il a stipulé un salaire pour la garde du dépôt; 3° si le dépôt a été fait uniquement pour l'intérêt du dépositaire; 4° s'il a été convenu expressément que le dépositaire répondrait de toute espèce de faute. »

Il importe, pour bien apprécier ces textes, de se rappeler la discussion qui eut lieu à leur égard dans le sein du Conseil d'Etat. Nous la donnons entière :

« Le citoyen Defermon dit que sans doute cet article (1927) tend à obliger le dépositaire aux soins d'un bon père de famille. La rédaction ne paraît pas rendre cette idée : on pourrait en tirer la conséquence que s'il est négligent et inconsidéré dans sés propres affaires, il peut l'être impunément à l'égard du dépôt dont il est chargé.

« Le citoyen Portalis répond qu'un dépositaire qui rend un service d'ami ne doit pas être soumis à une responsabilité aussi étendue que celle qui résulterait de la rédaction qui est proposée : il suffit qu'il donne à la conservation du dépôt les soins d'un bon administrateur.

Le déposant est libre dans son choix ; s'il place mal sa confiance, il commet une faute qui compense et qui couvre, dans une certaine mesure, la négligence du dépositaire. C'est par cette considération qu'on n'oblige ce dernier qu'aux mêmes soins qu'il donne à ses propres affaires, et non à la sollicitude extrême et scrupuleuse que l'on exige de celui qu'on assujettit aux soins d'un bon père de famille.

« L'article est adopté. »

Les commentateurs du Code ont tous avec raison attaché une grande importance aux procès-verbaux du Conseil d'Etat. Cependant ils ont tous remarqué les nombreuses lacunes qui souvent ne nous permettent pas de suivre la marche des idées. Et, par exemple, ici est-il possible de croire que personne n'a répondu en faisant remarquer à M. Portalis quelle était la rédaction de l'article 1137, dans lequel la diligence du bon père de famille est plus ou moins étendue, suivant les contrats. Nous croyons que l'article n'a été adopté qu'après ce rapprochement de la règle particulière du titre du *Dépôt* avec la règle générale du titre des *Obligations*, et c'est ainsi que nous restituons à cet article son véritable sens. Mais si l'on veut en croire l'extrait des observations de M. Portalis, tel que nous le donne le procès-verbal, le dépositaire n'est tenu par notre article que de la faute dont le chargeaient les lois romaines, et qui consiste à ne pas avoir pour le dépôt le soin que le dépositaire a pour ses propres affaires (L. 32 D. *Depositi*). Cela nous paraît exagérer la portée de notre texte. Pour lui donner un sens autre que celui qui se réfère à la donnée de l'article 1137, il faut inventer une opposition que le Code ne contient pas directement; or, c'est aller contre le précepte qui enseigne d'interpréter les lois les unes par les autres.

Enfin on a voulu comparer la règle de l'art. 1927 avec l'art. 804; mais ici la faute grave imposée n'était que la faute moyenne, comme nous l'avons établi sur cet article. L'héritier bénéficiaire, nous l'avons déjà dit, est un communiste, un associé, mais n'est pas un dépositaire. La différence des contrats ferait écarter l'analogie que des jurisconsultes ont établie pour refaire la théorie des trois fautes sous le Code Napoléon, si les termes de la loi se ressemblaient au lieu d'être différents. Cette différence ne nous touche cependant en aucune façon, parce qu'elle ne nous paraît pas heurter la doctrine qui admet une seule faute, la faute moyenne.

Vient maintenant la disposition de l'article 1928. Ici la plupart des auteurs voient renaître le système des trois fautes.

Il est certain, et personne ne le conteste, que la responsabilité de l'article 1928 est plus étendue que celle de l'article 1927 ; mais elle ne peut jamais aller jusqu'à celle de la faute très-légère, sauf ce qui est dit au dernier paragraphe pour la responsabilité convenue, et qui peut embrasser toutes les espèces de fautes.

Quelques jurisconsultes entendent que la faute dont répondra le dépositaire ne pourra jamais être cette faute ; nous croyons que ces auteurs se trompent. Le législateur savait la théorie des trois fautes. C'est elle qu'il a voulu proscrire au titre des *Obligations*. Et il ne l'a pas rétablie ici d'une manière formelle. Cependant il semble avoir autorisé les parties à la rappeler et à s'y soumettre. La logique semble s'être arrêtée à propos des engagements du dépositaire, auquel on doit imputer une rigueur plus grande, s'il a été convenu qu'il répondrait de *toute espèce de faute.*

Ces expressions font donc rentrer les fautes diverses de toute espèce dans la langue juridique, mais il faut voir comment.

Le législateur ne les applique pas, ne veut pas compter ou discuter avec elles, c'est aux parties à les prévoir si elles le veulent; l'art. 1928 le leur permet. C'est ainsi que M. Troplong a effleuré la vérité en disant que la responsabilité ne pouvait pas découler de

26.

la faute très-légère, ce qui n'était pas exact, puisque les parties, en chargeant l'une d'elles de toute espèce de fautes, n'ont pu voir que les trois fautes connues.

Le titre du *Mandat* fut décrété le 19 ventôse an XII, promulgué le 29 (10-20 mars 1804). L'article 1992, relatif aux obligations du mandataire, est ainsi conçu :

« 1992. Le mandataire répond non-seulement du dol, mais encore des fautes qu'il commet dans sa gestion.

« Néanmoins, la responsabilité relative aux fautes est appliquée moins rigoureusement à celui dont le mandat est gratuit qu'à celui qui reçoit un salaire. »

Il y a ici une innovation, c'est le mot *fautes* écrit au pluriel. Nous n'avions pas rencontré cette forme depuis que

nous sommes entré dans les obligations et les contrats; pour la retrouver,
il faut nous reporter à l'article 804,
où nous avons vu que ce pluriel peut se
rapporter à une seule espèce de faute,
puisque, dans cet article 804, il n'est
parlé que des fautes graves.

Peut-on voir, dans le pluriel de l'article 1992, l'indication de rendre, suivant les cas, le mandataire responsable
de la faute lourde, de la faute légère et
de la faute très-légère? L'affirmative
semble d'abord plus près de la vérité
que la négative; mais l'examen le plus
superficiel détruit à l'instant même le
raisonnement qui la ferait admettre.
Le mot *fautes* est mis ici au pluriel à
raison du nombre des faits reprocha-
bles qui peuvent être imputés au mandataire. La preuve en est dans le second paragraphe de l'article où *les fau-*

tes sont examinées d'après la gratuité ou la non-gratuité du mandat.

Ici la division tripartite serait commode. En droit commercial, le commissionnaire salarié pour le *del credere*, que nous appelons *ducroire*, répond des cas fortuits ; le commissionnaire de profession répondrait de sa faute très-légère, le mandataire salarié répondrait de la faute légère et le mandataire non salarié de la faute lourde. La symétrie gagnerait à cet arrangement ; la vérité n'y aurait pas sa place. En effet, le mandataire non salarié répond de la faute légère, car les anciens lui donnaient même la responsabilité de la faute très-légère, comme nous l'avons vu à propos du droit romain.

La faute lourde mise de côté, nous n'avons plus devant nous que les deux autres, pour lesquelles nous devons

tirer de nos précédents cette conclusion, que la rigueur de l'application de
la responsabilité varie eu égard à la
nature du contrat, en ce que tel fait,
qui n'est pas une faute pour le mandataire gratuit, peut et doit en être une
pour le mandataire salarié.

Nous arrivons enfin au titre du *Nantissement*, décrété le 25 ventôse an XII,
promulgué le 5 germinal (16-26 mars
1804); l'article 2080 est ainsi conçu :

« 2080. Le créancier répond, selon
les règles établies au titre des *Contrats
ou des Obligations conventionnelles en
général*, de la perte ou détérioration
du gage qui serait survenue par sa négligence.

« De son côté, le débiteur doit tenir
compte au créancier des dépenses utiles et nécessaires que celui-ci a faites
pour la conservation du gage. »

Il n'y a rien ici que de conforme à ce qui précède ; nous nous abstiendrons donc de toute réflexion.

M. Troplong a joint à cette nomenclature des textes sur les fautes l'article 2037 du titre du *Cautionnement* ainsi conçu :

« 2037. La caution est déchargée, lorsque la subrogation aux droits, hypothèques et priviléges du créancier, ne peut plus, par le fait de ce créancier, s'opérer en faveur de la caution. »

Cet article n'a pas parlé de la faute, mais du fait, et c'est une limitation trop grande que de dire que le *fait* est ici égal à la *faute*. Sans doute la faute rentre dans le fait ; mais toute décharge du débiteur, licite ou non, qui remet la dette, a pour effet d'acquitter la caution. Dès lors, il est inutile de s'enquérir si le débiteur principal tient sa quittance de tel ou tel acte, de telle ou telle faute, et l'article 2037 n'a aucun trait à notre matière.

A présent que nous avons examiné tous les articles du Code Napoléon, nous pouvons répondre à toutes les objections et assurer notre théorie sur des données exactes.

Mais il importe de résumer ce qui résulte de notre examen.

1. La loi moderne a repoussé toutes les anciennes divisions et n'a admis qu'une faute : c'est la faute moyenne, appelée grave par certains auteurs et légère par la généralité des jurisconsultes.

La rigueur des magistrats dans l'appréciation de la faute varie suivant la nature de l'affaire, la nature du contrat, la qualité de la chose.

2. C'est dans le manquement aux

obligations du bon père de famille que se trouve la faute dont on répond dans la doctrine du Code. Ce manquemen⁴ est prévu par les articles 450, 601, 1137, 1374, 1562, 1728, 1806, 1880, auxquels on peut joindre les articles 1624 et 2080.

3. Ont une autre rédaction les articles 804, 1927 et 1992.

L'article 804 seul parle des fautes graves, à l'égard desquelles nous nous sommes déjà suffisamment expliqué. L'article 1927 rappelle la faute que l'on ne commet pas dans ses propres affaires. Cette rédaction nous paraît s'accorder avec les règles générales et n'avoir pas d'autre signification que celle de l'article 1137. A ce sujet, nous avons rappelé que l'article 1927, inspiré par les lois romaines, ne contenait pas un principe qui fût, d'après le

Corpus juris, propre au contrat de dépôt. La locution employée ici se retrouve employée par les lois romaines en d'autres matières, ce qui enlève toute précision à notre article 1927. L'article 1992 parle de *fautes* dont la réparation peut être exigée plus ou moins rigoureusement d'après les obligations des parties sur d'autres points.

Mais cet article 1992, conforme à l'ancien droit, ne classe aucunement les fautes. Il s'en rapporte donc à l'article 1137.

4. Nous le répétons encore, le vrai système du Code est dans le titre des *Obligations*, et quand même nous rencontrerions des exceptions, ce ne serait pas un motif suffisant pour nous écarter des règles générales.

Ici, nous arrivons aux systèmes contraires au nôtre.

C'est 1° Toullier qui veut appliquer partout la faute très-légère; 2° M. Duranton, M. Alban d'Hauthuille et M. Marcadé, qui enseignent la théorie de la faute *in abstracto*, qui est le contre-pied de la diligence du bon père de famille et de la faute *in concreto*, opposée au soin que l'on a pour ses propres affaires; 3° Proudhon, qui enseigne la théorie des trois fautes; 4° M. Troplong, qui croit à la division en faute lourde et en faute légère.

Nous allons examiner ces différents systèmes dans l'ordre suivant :

1° Le système des trois fautes;

2° Celui de la faute lourde et de la faute légère;

3° Celui de la faute *in abstracto* et de la faute *in concreto;*

4° Celui de la faute très-légère.

I. Proudhon, pour enseigner la théorie des trois fautes, commence par chercher les textes qui favorisent chaque espèce. Il trouve d'abord (n° 1502) la faute lourde dans l'article 804.

Il rencontre ensuite la faute légère sous l'article 1137 et l'article 450 (n° 1503).

Enfin, il rencontre la faute plus légère dans les articles 1374, 1882, 1928, 1992 (n° 1504).

En passant en revue les différents articles du Code, nous avons reconnu la portée de l'article 804. Nous avons rattaché cet article à notre ensemble ; mais lors même qu'il ferait tache avec notre système, cet article serait une exception qui n'infirmerait point notre théorie. En tout cas, il ne faudrait pas étendre cette exception hors de ses termes et, par exemple, l'appliquer au dépositaire. Si l'article 1927 charge celui-ci de la faute qu'il commettrait en ne soignant pas le dépôt comme sa propre chose, c'est, suivant nous, parce qu'il aurait commis une faute légère ; la faute étant, en effet, légère par rapport à lui, et trouvant ce caractère dans les qualités du dépositaire, chargé de conserver et de rendre.

Nous n'avons pas à réfuter l'opinion de Proudhon, en ce qui touche les preuves qu'il donne de l'existence de la faute légère ou moyenne. L'article 1137 et tous ceux que nous avons cités avec lui ne peuvent laisser aucun doute à ce sujet.

Mais Proudhon voit des fautes plus légères : 1° dans l'article 1374, qui n'en parle pas ; 2° dans l'article 1882, en ce que cet article rend l'emprunteur responsable quand, pouvant sauver sa chose ou la chose prêtée, il a laissé périr ce qu'il avait emprunté. Il n'y a qu'une faute très-légère, dit l'auteur, si la chose sauvée avait une grande valeur de plus que la chose perdue. Oui, certainement, pour l'emprunteur ; non, pour l'autre partie. Celle-ci a commis à votre foi, *fidei commisit,* d'où *commodatum,* la garde de sa chose. Si vous avez préféré la vôtre à la sienne, il y a dans cette préférence une faute certaine et qui n'est pas très-légère, car l'emprunteur remplace le maître, qui, s'il s'était trouvé sur les lieux, aurait sauvé sa chose. L'emprunteur doit savoir qu'il y a faute de sa part à ne pas agir pour le prêteur comme celui-ci eût agi lui-même (M. Troplong, *Vente,* n° 386). Cette manière d'envisager les faits n'a point été l'objet de l'attention du célèbre auteur du *Traité des droits d'usufruit.*

Proudhon triomphait avec cette

mauvaise locution de l'article 1928, où il était question de *toute espèce de fautes*. C'est là, nous l'avons dit, un pacte que la loi autorise, mais qu'elle ne renferme pas; dès lors, il n'y a pas à croire que cet article déroge aux règles générales.

Proudhon passe ensuite aux obligations du mandataire qui répond plus ou moins rigoureusement de ses fautes, suivant que le mandat est gratuit ou salarié:

L'auteur ne prouve rien avec ces dispositions de l'article 1992, puisque les mots *faute légère* ou *très-légère* ne sont pas prononcés dans cet article, et qu'ils devraient s'y trouver pour justifier une dérogation à l'article 1137.

II. M. Troplong (*Vente*, 399) résume la discussion des divers auteurs et des articles de loi en ceci : « En général on est tenu d'avoir la diligence du bon père de famille. »

Seulement il ajoute que, pour échapper à cette obligation, il faut une disposition exceptionnelle de la loi; ce qui, suivant lui, peut se rencontrer dans l'article 804. Mais M. Troplong va trop loin en ajoutant : « Et cette exception a lieu lorsque le détenteur de la chose ne retire aucun profit de sa possession. Il faudrait, pour faire adopter cette explication, que les articles 450, 1374, 1927, 1928 et 1992 fussent conçus dans le même esprit et avec les mêmes expressions; ce qui n'est pas, comme nous l'avons démontré dans notre énumération des articles ; puis ce système ne peut se concilier avec les obligations du mandataire. Dès lors il nous paraît contraire à l'économie de la loi.

III. M. Duranton a voulu trouver dans le Code la division des fautes *in concreto* et *in abstracto*. Il est assez singulier que cet auteur, qui avait admis les trois fautes en droit romain, se soit laissé entraîner par ce vieux souvenir des discussions scolastiques.

Ainsi il applique la responsabilité de la faute *in abstracto* à l'héritier bénéficiaire, et de la faute *in concreto* au dépositaire, ce qui nous paraît assez inexplicable. Si l'on veut en effet sortir de la règle unique posée par l'article 1137, il semblerait naturel d'assimiler, comme d'ailleurs l'a fait M. Troplong, l'héritier bénéficiaire au dépositaire et au mandataire gratuit. Heureusement que M. Duranton reconnaît lui-même que, si sa division peut avoir un certain fondement dans les précédents du droit, l'appréciation des fautes est un point laissé à la sagesse du juge (T. x, n° 416).

Cette explication vaut mieux que la première, et la dernière phrase rachète les erreurs du débat.

M. Alban d'Hauthuille, après avoir analysé le système de M. Hasse et applaudi à la résurrection de feu Thomasius, a essayé une théorie des fautes en droit français. Il est arrivé précisément à la division *in concreto* et *in abstracto*, et en vérité, quoiqu'il ait suivi le système de M. Duranton, nous cherchons comment il est possible de s'égarer au point de faire des nomenclatures sur la faute concrète et la faute abstraite, et de faire des énumérations qui donnent à la faute concrète :

L'héritier bénéficiaire,

L'héritier administrateur de biens indivis,

Le dépôt gratuit,

Le mandat gratuit,

L'administration du tuteur (*Revue de législation*, t. II, p. 349).

M. Alban d'Hauthuille a perdu de vue qu'un seul article permet de parler de la faute concrète, et que c'est l'article relatif au dépôt.

Mais nous avons fait observer déjà que cet article devait être interprété avec les autres textes de loi, ce qui nous force à ne voir dans la diligence de l'article 1927 que celle du bon père de famille.

MM. Dalloz, au mot *Obligation*, ont admis la division proposée par M. Duranton. Leurs explications sont données aux n°ˢ 680 et suiv. de leur seconde édition. Nous renverrons le lecteur à ce remarquable travail, où les opinions diverses sont expliquées et contestées. Mais ces jurisconsultes n'ayant pas fourni d'arguments nouveaux pour l'opinion qu'ils admettent, nous ne changerons pas notre sentiment.

IV. Nous arrivons à un esprit vraiment français : Toullier, vieux Breton des temps anciens, fier de sa double qualité de Breton et de Français, accessible aux idées de justice et de liberté, hardi dans ses luttes parce qu'il était convaincu, soigneux dans l'étude des textes parce qu'il était un des derniers philosophes de la bonne école, ne parlant de réformes qu'après avoir étudié.

Toullier a eu le tort de mêler ensemble les textes sur les contrats et quasi-contrats avec ceux relatifs aux délits et quasi-délits ; de telle façon qu'il n'a plus vu qu'une faute, devenue avec l'article 1382 la faute très-légère.

Le législateur de 1804 n'a pas sanctionné cette doctrine, et au contraire il a tout fait pour la proscrire. L'article 1137 proteste énergiquement contre l'interprétation de Toullier.

Celui-ci a fait intervenir dans le débat les articles 1147 et 1148, ainsi conçus :

« 1147. Le débiteur est condamné, s'il y a lieu, au paiement de dommages - intérêts, soit à raison de l'inexécution de la convention, soit à raison du retard dans l'exécution, toutes les fois qu'il ne justifie pas que l'inexécution provient d'une cause étrangère qui ne peut lui être imputée, encore qu'il n'y ait aucune mauvaise foi de sa part.

« 1148. Il n'y a lieu à aucuns dommages - intérêts lorsque, par suite d'une force majeure ou d'un cas fortuit, le débiteur a été empêché de donner ou de faire ce à quoi il était obligé, ou a fait ce qui lui était interdit. »

Ces textes ne prouvent rien contre notre sentiment. En effet, ils établissent que l'on répond de la perte ou de la détérioration de la chose, quand on ne prouve pas qu'elle provient d'une cause étrangère qui ne peut être imputée au débiteur. La question est ici de savoir quand l'imputation doit avoir lieu. Nous l'avons exprimé bien souvent, nous le répéterons une dernière fois.

Pour savoir si l'imputation est possible, il faut se rappeler l'article 1137 du Code Napoléon, qui est la matrice générale à laquelle il faut rapporter toutes les règles particulières.

MM. Massé et Vergé, dans leurs notes sur Zachariæ, t. III, p. 399, note 5, ont émis cette opinion que l'article 1137 doit être pris comme un conseil aux juges de n'avoir ni trop de rigueur, ni trop d'indulgence, et de ne demander au débiteur que les soins raisonnablement dus à la chose qu'il est chargé de conserver ou de faire, soit à raison de sa nature, soit à raison des circonstances, variables à l'infini, qui modifient son obligation pour la rendre ou plus large, ou plus étroite. Cette manière d'expliquer l'article 1137 est différente de la nôtre en ce que les auteurs dont nous parlons voient un conseil là où nous trouvons une loi impérative. Il y aurait, suivant nous, violation de cet article et de ceux qui traitent des fautes, si un arrêt constatait qu'une faute très-légère a été commise dans l'exécution d'un contrat et si on en faisait peser la responsabilité sur le débiteur.

Nous arrivons aux fautes dans les contrats commerciaux.

Il y a des auteurs qui ne veulent pas appliquer le droit civil aux matières commerciales. Ils s'ingénient à trouver des lois et des usages contraires aux règles ordinaires. Par exemple ils seront faciles pour le nombre de fautes à compter en droit civil, à la condition de n'en plus trouver le même compte lorsqu'il s'agira de contrats commerciaux.

Ainsi les auteurs de l'estimable *Traité du Contrat de commission* ont admis la division en deux fautes pour les contrats du droit civil, et en trois fautes pour ceux du droit commercial, se fondant ici sur l'usage, qu'ils mettent au-dessus du droit positif.

Nous ne voulons pas ressusciter cette querelle épuisée et prouver que l'on doit s'en référer au droit civil pour ce qui n'est pas dans le Code de commerce. Nous tenons l'affirmative comme démontrée, parce que le Code Napoléon est la loi générale à laquelle il n'est dérogé qu'en quelques parties par le Code commercial. Or, ce dernier n'a pas parlé des fautes, donc il faut se référer à la théorie qui précède.

M. le président Massé, dans son *Traité du Droit commercial*, t. IV, n°s 181 et suiv., a examiné la question des fautes. Il a suivi l'opinion de Toullier et tenu pour une seule faute, en quoi il a eu raison, mais nous ne pouvons admettre avec lui que la faute dont on est tenu soit la faute très-légère. Cet auteur lui-même a hésité sur ce dernier point; nous espérons que, dans la nouvelle édition qu'il prépare, il voudra bien examiner notre opinion.

Il nous resterait à traiter des points

très-controversés, notamment celui de savoir à qui incombe la preuve de la faute, et encore celui de l'étendue de la responsabilité.

Ce sera l'objet d'un autre travail, si celui-ci est accepté sans trop de défaveur par les jurisconsultes.

FIN.

TABLE DES MATIÈRES

Imprimé par Charles Nublet, rue Soufflot, 18

www.ingramcontent.com/pod-product-compliance
Lightning Source LLC
LaVergne TN
LVHW050309060726
842525LV00002B/464